KOCH MICH!

KATJA VÖLKEL

KOCH MICH! DRESDEN

7 x 7 KÖSTLICHE REZEPTE AUS SACHSENS LANDESHAUPTSTADT

PAPERENTO*
* die mit der Ente

Der Farbanstrich gab Dresdens stählernem Wahrzeichen einst den Namen. Das »Blaue Wunder« verbindet seit 1893 die Villenviertel Loschwitz und Blasewitz – und zur blauen Stunde am Abend sieht die Brücke noch beeindruckender aus.

KOCHLÖFFEL UND STIFTE BEREITHALTEN!

Dresden, Sachsens Landeshauptstadt, zählt rund 550.000 Einwohner und wird oft »Elbflorenz« genannt. 1206 erstmals urkundlich erwähnt, später kurfürstliche, dann königliche Residenz. Der Glanz dieser Zeit strahlt bis heute.

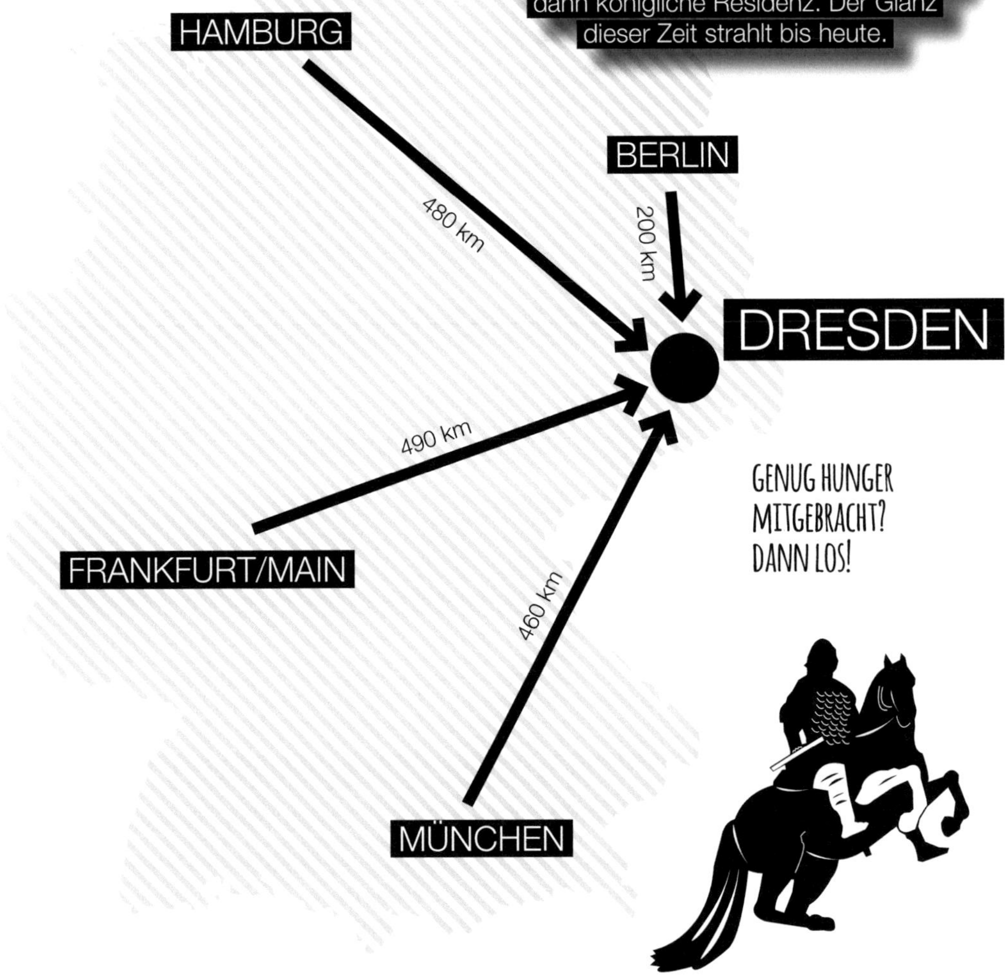

GENUG HUNGER MITGEBRACHT? DANN LOS!

Der **GOLDENE REITER** zeigt dir, wie knifflig die Rezepte sind.

EINFACH Nur selten am Herd? Dann ist dieses Rezept für dich.

HERAUSFORDERND Für alle, die gern und regelmäßig kochen.

ANSPRUCHSVOLL Für Profis und alle, die es werden wollen.

WIE SCHMECKT DRESDEN? SO!

Liebe geht durch den Magen, keine Frage. Wer Dresden, die Schöne an der Elbe, mal ganz anders kennenlernen will, sollte die Stadt einfach verkosten. »Koch mich, Dresden!« – Das ist nicht ohne Grund Motto und Titel für dieses Buch. Doch wie schmeckt die Elbmetropole nun? Wird Zeit, das auszuprobieren.

Die Neustadt etwa, das quirlige Viertel mit Bars, Kneipen und Musik bis spät in die Nacht, mag es ausgelassen – und gern auch mal ohne Fleisch. Oder die barocke Altstadt mit Frauenkirche, Zwinger, den Museen: Ganz schön klassisch alles hier. Vielleicht lieber einen Salat? Pflück dir die Zutaten im Großen Garten! Und nach der Hauptspeise sorgen die süßen Elbsandsteine als krönender Abschluss für Höhenflüge am Gaumen.

Dresden? Das schmeckt eindeutig nach mehr! Erkunde die heimischen Kochtöpfe – und lerne Sachsens stolze Landeshauptstadt auf kulinarische Weise kennen.

Guten Appetit!

DIE AUTORIN

Katja Völkel, Jahrgang 1979, hat das Schreiben in die Wiege gelegt bekommen – als Tochter einer Buchhändlerin und eines Schriftstellers. Das Kochen hilft ihr, täglich eine Auszeit aus dem stets vollgepackten Arbeitsalltag als Verlegerin und Lektorin zu schaffen – und sich und ihre zwei Töchter satt und glücklich zu machen. Geboren an der Ostsee und aufgewachsen in Thüringen, lebt sie heute in Dresden.

KOCH MICH! **DRESDEN**

PLATZ FÜR DEINE EIGENEN REZEPTIDEEN IST GANZ AM ENDE DES BUCHS!

WEITE WELT vor der Haustür: In Klotzsche starten die Flieger – bodenständig sind diese Klitscher. Seite 85

FOTOGEN ist dieser Eintopf – ein Gemälde davon würde gut zu den »Alten Meistern« passen. Seite 30

GANZ VIEL HEIMAT steckt in diesen Rezepten – gleich probieren!

EIERLEI Eine Straßenbahnschleife ist Namensgeber dieses Platzes – und wir haben den Salat. Seite 57

UNSERE HIGHLIGHTS DER DRESDNER KÜCHE

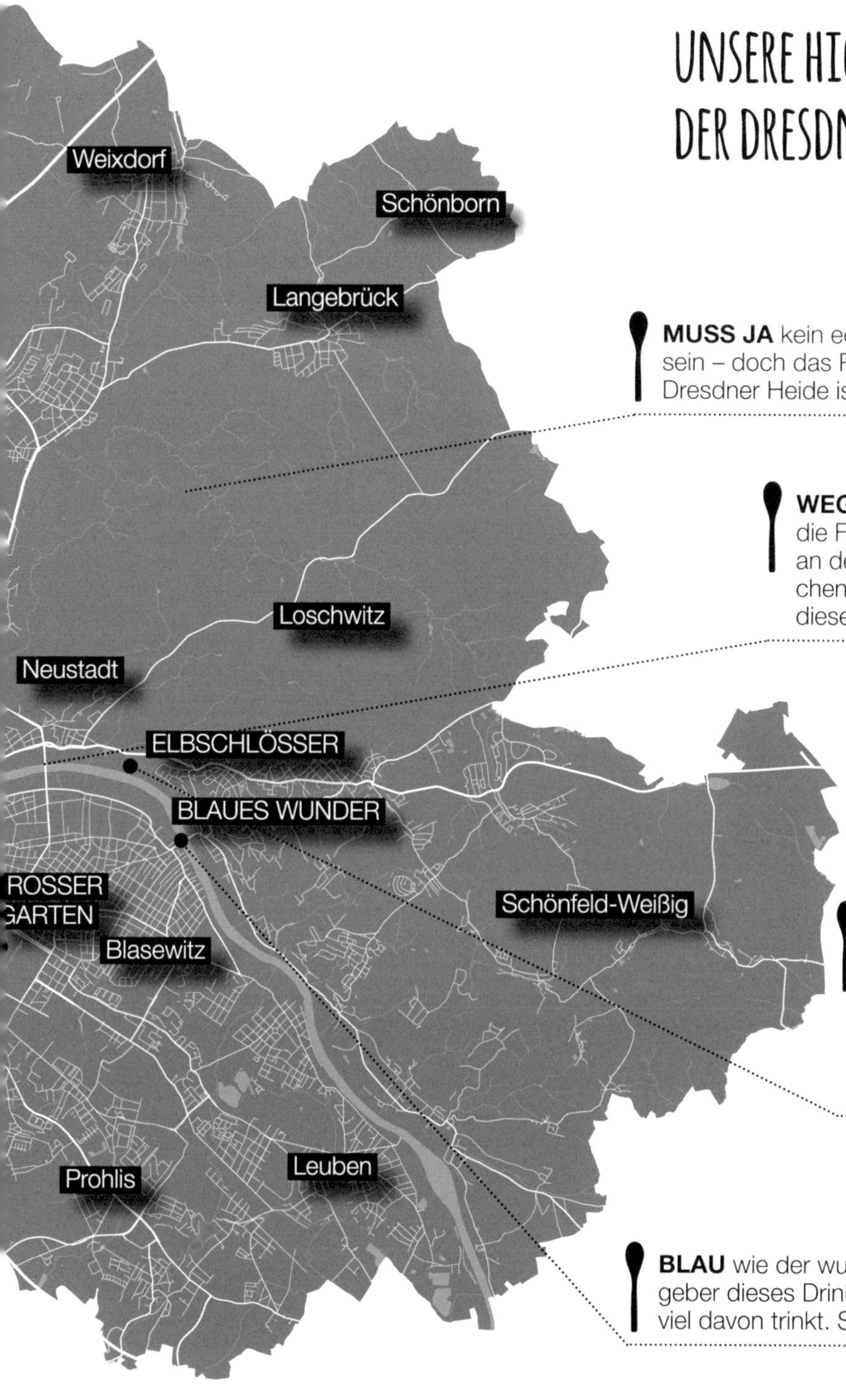

MUSS JA kein echter weißer Hirsch sein – doch das Ragout aus der Dresdner Heide ist köstlich. Seite 71

WEGGEFLATTERT ist die Fledermaus – nicht an der Waldschlösschenbrücke, aber bei dieser Suppe. Seite 36

SEID BEREIT war einst der Gruß im »Pionierpalast«. Dieser schnelle Snack erinnert an die Zeit. Seite 50

BLAU wie der wunderbare Ideengeber dieses Drinks wird nur, wer zu viel davon trinkt. Seite 103

VORSPEISEN

SUPPEN

BEILAGEN

SALATE

HUNGER? Wir bringen dich auf den Dresdner Geschmack

HAUPTGERICHTE

DESSERTS

DRINKS

KOCH MICH! **DRESDEN**

VORSPEISEN

Willkommen an der Elbe!
Kalt oder warm? Mit diesen
Gerichten zum Auftakt kann
nichts schiefgehen.

DREI-KÖNIGS-TATAR

ROYALES TRIO

Von 1806 bis 1918 regierten insgesamt sieben verschiedene Könige Sachsen – darunter waren allein drei »Friedrich Augusts«. Bloß nicht durcheinanderkommen! Wer denkt, dass sie der Dreikönigskirche in der Neustadt als Namensgeber dienten, der liegt falsch. Das waren die Weisen aus dem Morgenland. So oder so auch für Nicht-Könige ein Leckerbissen: frisches Tatar. Wir kredenzen ein exklusives und absolut köstliches Trio.

SCHWIERIGKEITSGRAD:

ZUTATEN FÜR 2 PERSONEN

Für das Rindertatar:
- 800 g Rindfleisch, mager
- Paprikapulver, edelsüß
- 4 Sardellenfilets, eingelegt, abgespült und trocken getupft
- 3 Schalotten, fein gewürfelt
- 3–4 EL Kapern, gut abgetropft und fein gehackt
- einige Cornichons, klein gehackt
- 1–2 EL Dijon Senf
- 4 Eigelb, sehr frisch
- Kräuter, klein gehackt, z. B. Petersilie, Schnittlauch

Für das Lachstatar:
- 400 g Lachsfilets (sehr frisch, enthäutet)
- 1 Lauchzwiebel
- 1 Stück Ingwer
- 1 Bund Koriander
- Limettensaft
- Sojasauce

Für das Auberginentatar:
- 400 g Auberginen
- 1 EL Kapern
- 10 Oliven (grün oder schwarz, entsteint)
- 1 Knoblauchzehe
- Basilikum
- 3 EL dunkler Balsamessig
- 3 EL weißer Balsamessig
- 3 EL Olivenöl
- 1 EL Honig
- Pfeffer (frisch gemahlen), Salz

1 Für die klassische Variante Hackfleisch mit Salz, Pfeffer und Paprikapulver abschmecken. In einem Metallring auf Teller stürzen. Entweder in das rohe Rindfleisch eine kleine Kuhle formen und jeweils ein Eigelb hineingleiten lassen oder das Eigelb extra in einem Schälchen servieren. Die restlichen Zutaten um das Tatar verteilen, alternativ in Schalen angerichtet auf den Tisch stellen. So kann sich jeder je nach Geschmack selbst bedienen.

2 Für das Lachstatar das gut gekühlte Fischfilet fein hacken, ebenso Lauchzwiebel und geschälten Ingwer. Die Hälfte der abgezupften Korianderblättchen grob hacken. Lachs mit Lauchzwiebel, Ingwer und Koriander vermischen. Mit 1–2 EL Limettensaft, Sojasauce, Salz und Pfeffer abschmecken. In einen Metallring geben und formen. Nach dem Anrichten mit den restlichen Korianderblättchen bestreuen.

3 Für das vegane Auberginentatar Backofen auf 220 °C Ober- und Unterhitze (Heißluft 200 °C) vorheizen. Auberginen waschen und halbieren, Kerne entfernen. In größere Stücke schneiden. Kapern klein hacken. Knoblauch schälen, mit Oliven vermischen, beides klein schneiden. Basilikumblätter waschen und grob hacken. Auberginen, Kapern, Knoblauch, Oliven, Basilikum, Essig, Öl und Honig vermischen, mit Salz und Pfeffer abschmecken. In mit Alufolie verschlossene Auflaufform geben und im vorgeheizten Backofen 1 Stunde schmoren. Herausnehmen, abkühlen lassen und fein hacken. Falls das Tatar zu säuerlich ist, mit Honig nachsüßen. In Metallring geben und auf Teller anrichten. Zu allen Tatarsorten passt frisches Weißbrot.

ZUBEREITET AM: FÜR: | ES WAR: ☐ ☐ ☐ | NOCHMAL? ☐ja ☐nein

JOHANNSTÄDTER FLAMMKUCHEN-TOAST

SCHNELLER SNACK FÜR UNTERWEGS

Die Dresdner und ihre Gäste lieben Picknick an der Elbe. In der Johannstadt laden die grünen Flussufer herrlich dazu ein. Der Blick auf die andere Elbseite oder in Richtung der sich an die Johannstadt anschließenden Altstadt ist bezaubernd – und diese Toast-Variation passt perfekt in jeden Picknick-Korb. Decke nicht vergessen!

SCHWIERIGKEITSGRAD:

ZUTATEN FÜR 2 PERSONEN

- 1 rote Zwiebel
- 100 g Crème fraîche
- 50 g Schinkenwürfel, roh
- 75 g geriebener Käse (z. B. Emmentaler oder Gouda)
- 4 Scheiben Toastbrot
- Schnittlauch, frisch
- Salz, Pfeffer

1 Die rote Zwiebel halbieren, schälen und in Halbmonde schneiden. Crème fraîche auf die Toasts streichen, darauf Schinkenwürfel und Zwiebelringe verteilen. Mit Salz und Pfeffer bestreuen, danach den Käse gleichmäßig darauf verteilen.

2 Toastscheiben auf ein mit Backpapier belegtes Backblech legen und 15 Minuten bei 200 °C (Ober-/Unterhitze) im vorgeheizten Ofen backen.

3 Mit frischem Schnittlauch garnieren.

30 Kilometer führt der Elberadweg auf zwei Flussseiten durch Dresden.

ZUBEREITET AM: FÜR: ES WAR: ☐ ☐ ☐ NOCHMAL? ☐ ja ☐ nein

Majestätisch thront die »Königin der Instrumente« über dem Altar der wiederaufgebauten Frauenkirche. Die kleinste der fast 5000 Pfeifen misst kaum einen Zentimeter, die größte fünf Meter.

KLOTZSCHER KLITSCHER

GEHEN RUNTER WIE ÖL

Legendär sind sie, die sächsischen Z(i)sch-Laute. Klotzsche, Kleinzschachwitz, Zschieren finden sich auf Dresdens Stadtplan. Das geht nicht immer leicht von der Zunge. Der Klotzscher Klitscher geht aber runter wie Öl. Den Rezepttitel bloß nicht mit vollem Mund aussprechen! Apropos: In Klotzsche zischt es auch in der Luft. Wer die Sachsenmetropole bequem erreichen möchte (oder schnell wieder weg will), nimmt den Flieger – der startet und landet hier im Dresdner Norden.

SCHWIERIGKEITSGRAD:

ZUTATEN FÜR 2 PERSONEN
- 65 g Hirse
- 150 ml Gemüsebrühe
- 150 g Gemüse nach Belieben (TK oder frisch)
- 2 Eier
- 2 EL Semmelbrösel
- Gewürze nach Wahl
- Öl zum Anbraten

1 Zuerst das Gemüse zusammen mit der Brühe aufkochen. Danach die Hirse dazugeben und bei geschlossenem Deckel bei mittlerer Hitze aufquellen lassen. Größere Gemüsestücke noch zerkleinern und je nach Geschmack nachwürzen.

2 Die Masse abkühlen lassen und die Eier und die Semmelbrösel daruntermengen. Aus dem Teig Frikadellen formen.

3 Eine Pfanne mit Öl erhitzen und die Bratlinge nicht zu scharf anbraten.

4 Die Bratlinge passen gut zu einem würzigen Salat oder zu Kräuterquark.

ZUBEREITET AM: FÜR: | ES WAR: ☐ ☐ ☐ | NOCHMAL? ☐ja ☐nein

KRUZIANERBEMME

SNACK MIT TRADITION

Davon singen nicht nur die Kruzianer – die Mitglieder des weltberühmten Dresdner Kreuzchors – in den höchsten Tönen! Mehr als 800 Jahre reicht die Tradition der magischen Knabenstimmen zurück. Ob es wohl auch die Bemmen – wie die Brotscheiben hier genannt werden – mit Speckfett schon so lange gibt? So oder so: Sie dürfen auf den Tellern der Sachsen nicht fehlen. Echt »deftsch«!

SCHWIERIGKEITSGRAD:

ZUTATEN FÜR 2 PERSONEN

- 300 g Schmalz ohne Zusätze (Flomenschmalz, das Bauchfett vom Schwein)
- 1 Zwiebel
- 1 Apfel (z. B. Boskop)
- Pfeffer, Salz
- Gewürzgurke zum Garnieren
- Bauernbrot

1 Das Fett in einem möglichst breiten Topf oder in einer Pfanne auslassen. Währenddessen bleibt Zeit, um die Zwiebel und den Apfel zu schälen, fein zu hacken, um beides dann ins heiße Fett zu geben.

2 So lange erhitzen, bis die Mischung nicht mehr dampft und die Stückchen gebräunt sind. Man kann dafür starke Hitze verwenden, aber Vorsicht: das Fett darf nicht rauchen.

3 Das Schmalz in eine kleine Schüssel geben und gut umrühren, sodass Schmalz und Apfel-Zwiebel-Stückchen gleichmäßig verteilt sind. Nach Geschmack salzen.

4 Auskühlen lassen und auf frisches Bauernbrot streichen. Die saure Gurke dazu darf nicht fehlen.

Das Schmalz ist, in dekorativen Weckgläsern abgefüllt, auch ein schönes Geschenk. Hält sich im Kühlschrank etwa sechs Monate – wenn es nicht vorher aufgenascht wird.

ZUBEREITET AM: FÜR: | ES WAR: ☐ ☐ ☐ | NOCHMAL? ☐ja ☐nein

GOLDENES REITERLEIN

ALLES KÄSE – ODER WAS?

Er ist der Star vom Buchcover: Goldglänzend sitzt August der Starke am Neustädter Markt auf seinem Ross – und reitet stolz die Hauptstraße entlang, die barocke Altstadtkulisse im Rücken. Genauso golden sieht es auf unseren Tellern aus, wenn wir die leckeren frittierten Käsestangen servieren. Und das Strahlen haben wir im Gesicht.

SCHWIERIGKEITSGRAD:

ZUTATEN FÜR 2 PERSONEN

- 300 g Käse (z. B. Gruyère oder Gouda)
- 125 g Mehl
- 2 EL Sonnenblumen- oder Rapsöl
- 8 EL Bier
- 2 Eier
- etwas Mehl
- für die Fritteuse: geschmacksneutrales, hoch erhitzbares Öl oder Fritteusenfett

1 Mehl mit Öl und Bier zu einem glatten Teig verrühren. Eiweiß steif schlagen, vorsichtig unter den Teig heben.

2 Käse in kleine Stangen schneiden, dann im Mehl wenden und im Anschluss durch den Teig ziehen. In der Fritteuse ausbacken. Ersatzweise geht das auch in einem großen Topf auf dem Herd, der höchstens zur Hälfte mit Öl gefüllt wird. Fängt das Öl zu qualmen an, ist es zu heiß.

3 Die Käsestangen schmecken herrlich als Salatbeilage oder lassen sich pur oder mit einer feurigen Tomatensalsa einfach so wegknabbern.

ZUBEREITET AM: FÜR: | ES WAR: ☐ ☐ ☐ | NOCHMAL? ☐ja ☐nein

Architekturdenkmal und kulturelles Herz der Stadt zugleich: Die Semperoper, errichtet nach Plänen von Architekt Gottfried Semper, genießt Weltruf. Nicht nur von außen bewundern, sondern unbedingt Karten sichern – oder an einer Führung teilnehmen!

HÜHNERSPIESS »FÜRSTENZUG«

AUFGEREIHT UND KNUSPRIG

Wie auf einer Kette aufgereiht stehen sie da, die Fürsten hoch zu Ross auf dem berühmten Fürstenzug in der Altstadt. Das überlebensgroße Bild eines Reiterzuges, aufgetragen auf rund 23.000 Fliesen aus Meißner Porzellan, ist ein beliebtes Fotomotiv für Touristen. Währenddessen reihen sich auf unserem Grill Hühnchen, Paprika und Zwiebeln Spieß an Spieß. Fürstlich lecker und perfekt für einen Abend mit Freunden und Familie.

SCHWIERIGKEITSGRAD:

ZUTATEN FÜR 2 PERSONEN

- 250 g Hähnchenbrustfilet
- 1 Paprika
- 2 kleinere Zwiebeln
- 1 Zitrone, unbehandelt
- 2 Zehen Knoblauch
- 1 Zweig Rosmarin
- 2 Zweige Thymian
- 1 TL Senf (z. B. Dijon)
- 3 EL Olivenöl
- 2 Schaschlikspieße
- Salz, Pfeffer

1 Schaschlikspieße in Wasser legen, damit sie beim Grillen nicht anbrennen. Alternativ können auch Spieße aus Metall genutzt werden.

2 Marinade für das Hähnchen: Zitrone gründlich waschen und die Schale abreiben. Anschließend die restliche Zitrone auspressen. 2 Knoblauchzehen pressen und mit Zitronenschale und Saft vermischen. Gewürze, Senf und etwa 3 EL Olivenöl dazugeben. Mit Salz und Pfeffer würzen.

3 Fleisch würfeln und in die Marinade legen. Eine Stunde im Kühlschrank baden lassen.

4 Die Paprika waschen, in Scheiben schneiden und mit Olivenöl bestreichen. Die Zwiebeln vierteln. Jetzt abwechselnd Hühnchen, Paprika und Zwiebel auf Spieße stecken. Als Alternative können auch Zucchiniröllchen oder Auberginen genommen werden.

5 Auf den Grill legen und auf jeder Seite für etwa 4 Minuten grillen.

ZUBEREITET AM: FÜR: | ES WAR: ☐ ☐ ☐ | NOCHMAL? ☐ja ☐nein

LINGNERS LEBERRAGOUT

HERZHAFTES IN ALLER MUNDE

Unternehmer Karl August Lingner war ein heller Kopf und wirkte lange Zeit in Dresden. Bekannt ist vor allem das Mundwasser Odol, das er produzierte. Heute erinnert sein alter Wohnsitz an ihn, das hübsche Lingnerschloss. Idyllisch an den Elbhang ist es geschmiegt mit seinen Weinbergen – daher darf in Lingners Leberragout natürlich auch ein wenig Alkohol nicht fehlen.

SCHWIERIGKEITSGRAD:

ZUTATEN FÜR 2 PERSONEN

- 300 g Geflügelleber
- 3 Schalotten
- 2 EL Öl
- 3 TL Butter
- 2 Zweige Rosmarin
- 2 EL Zucker, braun
- 6 EL Aceto Balsamico
- 200 ml Rotwein, trocken
- 200 ml Gemüsefond aus dem Glas
- Salz, Pfeffer

1 Die Geflügelleber kalt abspülen und mit Küchenpapier trockentupfen. Geschälte Schalotten je nach Größe halbieren oder vierteln. Öl und 1 TL Butter in einer Pfanne erhitzen. Leber bei mittlerer Hitze rundherum 4 Minuten anbraten, herausnehmen und beiseitestellen.

2 Jetzt 2 TL Butter im Bratensatz schmelzen und Schalotten und Rosmarin bei mittlerer Hitze 3 Minuten anbraten. Mit braunem Zucker bestreuen und das Ganze kurz karamellisieren lassen. Dann mit Aceto Balsamico und Wein ablöschen und auf die Hälfte reduzieren. Brühe zugießen und bei milder Hitze 5 Minuten einkochen.

3 Sauce und gebratene Leber mit Salz und Pfeffer würzen und die Leber 3 Minuten in der Sauce erwärmen. Dazu passt ein kräftiges dunkles Brot.

Opernfürst Giacomo Puccini schuf eine klingende **»ODE AN ODOL«.**

ZUBEREITET AM: FÜR: ES WAR: ☐ ☐ ☐ NOCHMAL? ☐ja ☐nein

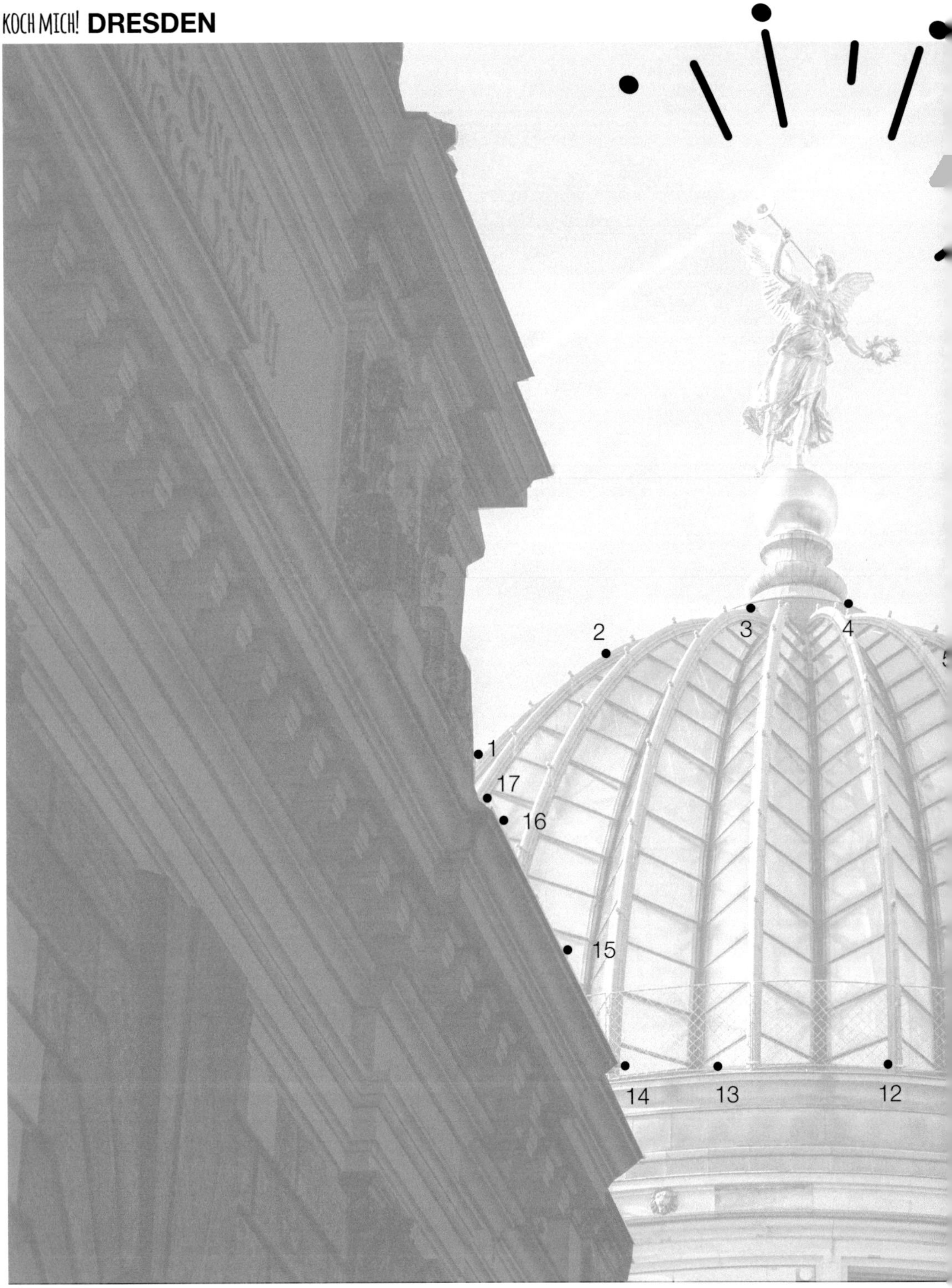

1
2
3
4
12
13
14
15
16
17

Auf der Glaskuppel der Kunstakademie, nach ihrem Architekten Lipsius-Bau genannt, thront die goldende Fama. Laut römischer Mythologie ist sie die Gottheit des Ruhmes ebenso wie die des Gerüchts.

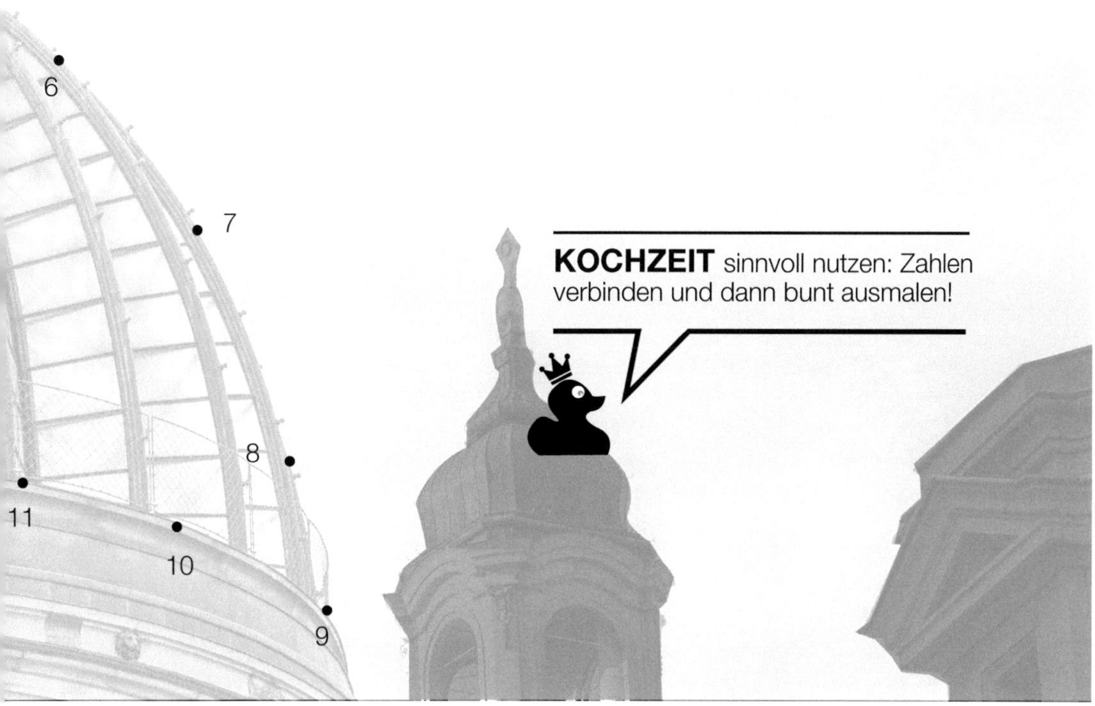

KOCH MICH! **DRESDEN**

SUPPEN

Das Salz dieser Rezepte?
Frische Zutaten aus der Region.
Kein Wunder, dass alle Gäste den
Topf gemeinsam auslöffeln wollen.

WEIXDORFER WACHTELSÜPPCHEN

AUS DER HEIDE IN DEN TOPF

Im Nordosten von Sachsens Landeshauptstadt erstreckt sich das Naturschutzgebiet Dresdner Heide. Das Areal hat kulinarisch gesehen einiges zu bieten. Wer in Weixdorf wohnt, genießt den Vorteil, mit einem Fuß gleich in der Heide zu sein. Auch Wachteln sind laut Vogelkundlern in der Heide schon gesichtet worden – und schmecken einfach köstlich mit diesem Rezept.

SCHWIERIGKEITSGRAD:

ZUTATEN FÜR 2 PERSONEN

- 1 Bund Suppengrün (1 Karotte, ½ Knollensellerie, Lauch)
- 1 Stangen Staudensellerie
- 4 Wachteleier
- 2 frische Wachteln
- 100 g Fadennudeln
- 1 Zwiebel
- Oregano
- Thymian
- Salz, Pfeffer
- gehackte Petersilie

1 Die Wachteln unter fließendem Wasser waschen und in einen großen Topf geben. Wasser angießen, so dass die Vögel knapp damit bedeckt sind.

2 Suppengrün schälen und in feine Scheiben schneiden. Staudensellerie waschen und klein würfeln. Die Zwiebel schälen und fein schneiden.

3 Das Gemüse zu den Wachteln geben und für etwa 30–35 Minuten gar köcheln lassen. Währenddessen die Wachteleier etwa 5 Minuten hart kochen. Kalt abschrecken, schälen und halbieren.

4 Anschließend die Wachteln aus der Suppe nehmen, kurz abkühlen lassen und das Fleisch von den Knochen lösen. Das Fleisch zurück in den Topf geben. Gut mit Salz, Pfeffer, Oregano und Thymian abschmecken.

5 Die Nudeln in einem Extratopf nach Packungsanleitung al dente kochen. Dann eine Portion Nudeln in eine Suppenschüssel geben, mit der Suppe übergießen. Mit gehackter Petersilie garnieren.

6100 Hektar misst die Dresdner Heide, einer der größten deutschen Stadtwälder.

ZUBEREITET AM: FÜR: | ES WAR: ☐ ☐ ☐ | NOCHMAL? ☐ja ☐nein

STARKER-AUGUST-BRÜHE

MACHT KÖNIGLICH SATT

Friedrich August war seinem Namen nach stark – angeblich soll er mit bloßen Händen ein Hufeisen zerbrochen haben. Zierlich dagegen war er nicht. Der mächtige Kurfürst von Sachsen und König von Polen brachte bei stattlichen 1,76 Metern zeitweise rund 110 Kilogramm auf die Waage. Sehr lecker als Grundlage für eine Suppe, aus der mehr Augen raus- als reinschauen, ist diese Rinderbrühe. August der Starke hätte sie gewiss geliebt.

SCHWIERIGKEITSGRAD:

ZUTATEN FÜR 2 PERSONEN

- ca. 600 g Suppenfleisch vom Rind (z. B. Beinscheibe, Schulter)
- 2 Möhren
- 2 Wurzelpetersilie oder Pastinaken
- ½ Knollensellerie
- ¼ Kopf Weißkohl
- 1 Zwiebel
- 1 Stück Lauch
- 3 Stängel Petersilie
- 1 Lorbeerblatt
- 4 Pimentkörner
- 4 schwarze Pfefferkörner
- 1 TL Salz
- 2,5 l Wasser

1 Fleisch gründlich unter fließendem Wasser abspülen. Einen Topf mit 2,5 l Wasser füllen, Fleisch einlegen, sodass es vollkommen mit Flüssigkeit bedeckt ist.

2 Einen TL Salz und die Gewürze hinzufügen, bei geringer Hitze kochen, bis das Fleisch weich ist.

3 In der Zwischenzeit Möhren, Wurzelpetersilie/Pastinaken, Knollensellerie schälen, Lauch, Kohl und Petersilie waschen und alles in grobe Stücke teilen. Zwiebel schälen, halbieren und auf der Innenseite bei schwacher Hitze ankohlen. Gemüse und die angebrannte Zwiebel in die Brühe geben. Etwa zwei Stunden kochen lassen, bis das Gemüse richtig weich ist. Die Petersilie kommt erst in der letzten halben Stunde dazu.

4 Brühe durch ein Sieb gießen, den Schaum entfernen. Die Brühe ist eine gute Grundlage für eine Suppe oder Soße, weswegen die angegebenen Zutaten auch locker für mehr als zwei Personen reichen – und auch gut als Vorrat dienen. Sie kann gleich weiterverwendet oder im Kühlschrank bis zu einer Woche aufbewahrt werden. Länger hält sie sich eingefroren. Das ausgekochte Fleisch ist ideal etwa für eine Piroggenfüllung.

ZUBEREITET AM: FÜR: | ES WAR: ☐ ☐ ☐ | NOCHMAL? ☐ ja ☐ nein

ALTE-MEISTER-EINTOPF

GANZ SCHÖN FOTOGEN

Heutzutage ist es total in, Fotos von seinem Essen zu schießen und sie im Internet zu veröffentlichen. Früher wurde alles von Hand gemalt. In der Gemäldegalerie Alte Meister finden sich zahlreiche Beweise dafür, etwa Arbeiten des niederländischen Künstlers Cornelis de Heem, das »Stillleben mit einem Fasan« (Pieter de Ring) oder »Wein und Backwerk« von Karoline Friederike Friedrich. In unseren Suppenschüsseln landet heute ein fotogener Jägertopf, wie ihn die alten Meister gewiss lieben würden.

SCHWIERIGKEITSGRAD:

ZUTATEN FÜR 2 PERSONEN

- 150 g Waldpilze, alternativ Champignons
- ¼ Weißkohl (ca. 250 g)
- 200 g kleine Kartoffeln (festkochend)
- 150 g gemischtes Hackfleisch
- 2 EL Öl
- Salz, Pfeffer
- ½ TL Kümmelsamen
- ½ TL Majoran
- 1 Lorbeerblatt
- ½ l Rinderbrühe (instant oder nach dem Rezept von Seite 29)
- 1 EL Essig
- 1 Bund Schnittlauch oder Petersilie

1 Pilze säubern und je nach Größe vierteln oder in Scheiben schneiden. Kohl putzen, den harten Strunk entfernen. Danach in feine Streifen schneiden. Kartoffeln schälen und in 5 mm dicke Scheiben schneiden.

2 In einem großen Topf 1 EL Öl erhitzen, Pilze dazugeben und bei kleiner Hitze 2–3 Minuten anbraten. Herausnehmen und beiseitestellen. Erneut 1 EL Öl in dem Topf erhitzen, Hackfleisch darin krümelig braten. Weißkohl hinzufügen. Kohl-Hackfleisch-Mischung mit Salz, Pfeffer würzen, weitere 3–4 Minuten braten.

3 Kartoffelscheiben, Kümmel, Majoran und Lorbeerblatt dazugeben, alles mit der Brühe aufgießen. Die Suppe leicht salzen und 15 Minuten köcheln lassen, bis das Gemüse und die Kartoffeln weich sind. Pilze hinzugeben. Das Lorbeerblatt entfernen.

4 Den Eintopf mit Salz, Pfeffer und Essig abschmecken. Mit Schnittlauch oder Petersilie bestreuen.

ZUBEREITET AM: FÜR: | ES WAR: ☐ ☐ ☐ | NOCHMAL? ☐ja ☐nein

August der Starke als römischer Cesar mit seinem Lipizzanerhengst: Das ist der Goldene Reiter. Das barocke Standbild des sächsischen Kurfürsten und polnischen Königs steht auf dem Neustädter Markt und glänzt prächtig in der Sonne.

GROSSE HECHTSUPPE

ES SCHWIMMT AUF DEM TELLER

Es zieht manchmal wie Hechtsuppe durch die kleine Schwester der Dresdner Neustadt, das Hechtviertel. Seinen Namen hat das Areal allerdings gar nicht vom häufig dort abgebildeten Fisch, sondern vom früheren kurfürstlich-sächsischen Revierförster Johann August Hecht. Einen Fischladen gibt es im Viertel leider nicht mehr. Aber den Hecht können sich Hungrige gut in einer der zahlreichen Teichwirtschaften rund um Dresden besorgen. Petri Heil!

SCHWIERIGKEITSGRAD:

ZUTATEN FÜR 2 PERSONEN

- 400 g Hechtfilet (alternativ Dorsch oder Wels)
- 2 EL Zitronensaft
- 2 Karotten
- 2 Stangen Staudensellerie
- 1 Zwiebel
- 30 g Butter oder Margarine
- 1 EL Tomatenmark
- 20 g Mehl
- 750 ml Gemüse- oder Fischfond
- 125 ml Weißwein
- 1 EL Grieß
- Salz, Pfeffer
- Dill

1 Fischfilet waschen, trockentupfen und in kleine Stücke schneiden. Mit Zitronensaft beträufeln und mit Salz und Pfeffer würzen.

2 Karotten schälen und in Scheiben, Staudensellerie säubern und in dünne Stifte schneiden. Zwiebel schälen und fein hacken. Gemüse etwa 5 Minuten im heißen Fett andünsten. Tomatenmark zufügen und kurz ansetzen lassen, dann mit Mehl bestäuben. Fond und Wein unter ständigem Rühren zufügen und aufkochen lassen. Mit Salz und Pfeffer würzen.

3 Danach den Grieß zufügen. Fisch dazugeben und gut 5 Minuten gar ziehen lassen. Suppe nochmals abschmecken und mit gehacktem Dill bestreut servieren.

Bis ins 18. Jahrhundert hieß die heutige Neustadt noch **ALTENDRESDEN**.

ZUBEREITET AM: FÜR: | ES WAR: ☐ ☐ ☐ | NOCHMAL? ☐ja ☐nein

COSCHÜTZER BIERSUPPE

EIN PROSIT AUF DEN GUTEN GESCHMACK

Selbstverständlich wird in der altehrwürdigen Semperoper kein Bier gebraut, auch wenn Radeberger die Oper für seine Werbung als Schmuckwerk nutzt. Im Stadtteil Coschütz hat die Feldschlößchen-Brauerei ihr Hauptquartier. Und daneben gibt es in der Stadt so einige kleinere Brauereien – wie Schwingenheuer oder Lohrmanns – zu entdecken. Auch wenn ein Bier am besten gut gekühlt schmeckt, nehmen wir es hier als Grundlage für eine wärmende Suppe.

SCHWIERIGKEITSGRAD:

ZUTATEN FÜR 2 PERSONEN

- 1 Schalotte
- 4 kleine Kartoffeln
- 1 Knoblauchzehe
- 15 g Butter
- 25 g Mehl
- ¼ l Bier, hell
- 375 ml Hühnerfond
- 100 ml Sahne
- Salz, Pfeffer, Muskat
- Prise Zucker
- Schnittlauch

1 Schalotte und Knoblauch schälen und fein würfeln. Kartoffeln schälen und in Würfel schneiden. Butter in einem Topf zerlassen und Schalottenwürfel mit Knoblauch dann darin anschwitzen.

2 Wenn die Schalotten glasig sind, Mehl dazugeben und mit einem Schneebesen verrühren. Nach und nach unter Rühren das Bier angießen.

3 Anschließend den Hühnerfond und die Sahne hinzugeben, ebenso die Kartoffelwürfel, und die Suppe 15–20 Minuten köcheln lassen.

4 Zum Abschluss mit Salz, Pfeffer, Muskat und einer Prise Zucker abschmecken. Auf den Tellern mit Schnittlauch bestreuen. Dazu passt ein frisches Weißbrot. Und natürlich darf ein gutes Bier nicht fehlen.

ZUBEREITET AM: FÜR: ES WAR: ☐ ☐ ☐ NOCHMAL? ☐ja ☐nein

Ein Paradiesgarten auf Erden: Das ist der Dresdner Zwinger bis heute – und eine Erinnerung an die prunkvolle Zeit des Barock noch dazu. August der Starke ließ sich das höfische Gesamtkunstwerk errichten. Es beherbergt unter anderem die Porzellansammlung sowie die Gemäldegalerie Alte Meister.

WALDSCHLÖSSCHENSUPPE À LA FLEDERMAUS

VEGANER SCHMAUS

Keine Angst, in unserer Suppe landet keine Fledermaus. Die Diskussionen um den Schutz der possierlichen Flattertiere – der Kleinen Hufeisennasen – stoppten 2007 den Bau der Waldschlößchenbrücke kurzzeitig. Schutzräume für die Tiere wurden eingerichtet und ein Tempolimit durchgesetzt. Der saftigen Elbwiesen wegen wird unsere Suppe schön grün. Dort holen wir uns auch die dazugehörigen Kräuter – ersatzweise vom Markt oder aus dem gut sortierten Gemüseladen.

SCHWIERIGKEITSGRAD:

ZUTATEN FÜR 2 PERSONEN

- 3 mittelgroße Kartoffeln, festkochend
- 2 kleine Möhren
- ¼ Knollensellerie
- 1 Zwiebel
- 2 Handvoll Kräuter, nach Belieben (z. B. ein Bund Kräuter für Frankfurter Grüne Soße oder junge Frühjahrskräuter wie Bärlauch, Giersch, Brennnessel, Schafgarbe, Löwenzahnblätter)
- 2 Handvoll essbare Blüten (z. B. Gänseblümchen, Löwenzahnblüten, Kapuzinerkresse)
- 1 EL Öl
- 1 EL Mehl
- 1,5 l Wasser
- Gemüsefond oder Instant-Gemüsebrühe
- Muskat

1 Kartoffeln schälen und klein schneiden, eine Möhre und den Sellerie putzen und klein würfeln. Das Gemüse in einen Topf geben, mit dem Wasser auffüllen und auf den Herd geben. Gemüsefond (ersatzweise tut es auch Instant-Gemüsebrühe) hinzufügen.

2 Zwiebel schälen und die zweite Möhre klein würfeln. Beides in einer mit 1 EL Öl eingefetteten Pfanne anschwitzen. Danach ein wenig Mehl hinzugeben und hellbraun anrösten. Den Pfanneninhalt danach in den Suppentopf geben.

3 Alles weich kochen und danach die Suppe mit einem Pürierstab mixen. Mit Muskat würzen. Wildkräuter und Blüten in der Zwischenzeit waschen, die Wildkräuter grob hacken. Unter die pürierte Suppe mischen und mit ein paar Blüten dekorieren. Wer möchte, kann Knoblauch und Sahne oder Milch zugeben. Dazu passen selbstgemachte Croûtons aus Roggenbrot.

ZUBEREITET AM: FÜR: | ES WAR: ☐ ☐ ☐ | NOCHMAL? ☐ja ☐nein

HELLERAUER KARTOFFELSUPPE

FESTSPIELE FÜR DEN GAUMEN

Hellerau, im Dresdner Norden gelegen, wurde 1909 als erste deutsche Gartenstadt gegründet. Heute ist dort viel Kultur zu finden, etwa das Festspielhaus, dessen Ruf weit über Dresden hinaus reicht. Doch es geht auch noch ganz bodenständig-ländlich zu. Und Kartoffeln werden in den Kleingärten nach wie vor gern geerntet. Sie machen sich prächtig als sattmachende Zutat für diese Suppe.

SCHWIERIGKEITSGRAD:

ZUTATEN FÜR 2 PERSONEN

- 2 große Kartoffeln
- 1 Bund Suppengrün (Karotte, Lauch, Sellerie)
- 2 EL Linsen
- 1 Zwiebel
- 1 EL Butter oder Öl
- 750 ml Brühe (Gemüse oder Fleisch, je nach Geschmack)
- 1 Kräutertopf frischer Majoran
- 2 Thüringer Bratwürste (frisch), oder anderes Wurstbrät
- Salz, Pfeffer

1 Die Kartoffeln und das Suppengemüse schälen und in Stücke schneiden. Die Zwiebel in Würfel schneiden und in der Butter glasig anschwitzen. Das Gemüse dazugeben und leicht anrösten lassen. Mit der Brühe ablöschen. Die Linsen hinzufügen und alles etwa 30 Minuten kochen lassen.

2 Die frische Bratwurst aus dem Darm lösen und kleine Klößchen in einer Pfanne rundherum braun anbraten.

3 Die Suppe pürieren, so dass sie stückig und nicht zu cremig ist. Mit Salz und Pfeffer abschmecken, die Klößchen dazugeben und mit dem frischen Majoran bestreut servieren.

Das Rezept stammt von Food-Bloggerin Petra Hermann. Mehr Schmankerl unter www.oberstrifftsahne.com

ZUBEREITET AM: FÜR: ES WAR: ☐ ☐ ☐ NOCHMAL? ☐ja ☐nein

KOCHZEIT sinnvoll nutzen: Zahlen verbinden und dann bunt ausmalen!
1

Schöne Aussicht inklusive bei einer Fahrt mit diesem Meisterwerk der Ingenieurskunst. Seit 1901 nutzen die Dresdner und ihre Gäste eine ganz bequeme Hilfe für den beschwerlichen Aufstieg hoch übers Elbtal.

KOCH MICH! DRESDEN

BEILAGEN

Immer nur Kartoffeln oder Reis? Das muss nicht sein! Schnell zubereitet und richtig lecker sind diese Alternativen.

BRÜHLSCHES TERRASSENPÜREE

DREIMAL ANDERS LECKER

Die Brühlsche Terrasse ist wie ein riesengroßer Balkon und erstreckt sich von den Füßen der Hofkirche bis zur Synagoge. Auf den Bänken sitzen und den Dampfern beim Ablegen zusehen, Straßenmusikern lauschen, flanieren, ausruhen … Hier können Dresdner und ihre Gäste genießen. Apropos Genuss: Abwechslungsreich wie das Publikum auf der Terrasse sind auch unsere drei Püree-Variationen. Welches wird Ihr Favorit?

SCHWIERIGKEITSGRAD:

ZUTATEN FÜR 2 PERSONEN

Püree mit Wurzelgemüse:
- 125 g Knollensellerie
- 125 g Pastinaken
- 250 g Kartoffeln, mehligkochend
- 125 ml Milch
- 25 g Butter
- 1 Prise Salz
- 1 Prise Muskatnuss, gerieben
- Petersilie

Erbsenpüree:
- 450 g Erbsen, TK
- 1 Knoblauchzehe
- 1 EL Butter, zerlassen
- 100 ml Gemüsebrühe
- 2 EL Crème fraîche
- Salz, Pfeffer
- Basilikumblättchen

Süßkartoffelpüree:
- 2 große Süßkartoffeln
- 50 ml Mandelmilch (ungesüßt)
- 1 kleine Knoblauchzehe
- ½ Bund Schnittlauch
- 1 Prise Gewürzsalz
- 1 Prise Pfeffer
- ½ TL Muskatnuss
- Koriander, frisch

1 Püree mit Wurzelgemüse: Gemüse putzen und schälen, in gleich große Stücke (ca. 2 cm) schneiden. Kochen oder dämpfen, bis alles gar ist. Wasser abgießen und Gemüse ausdämpfen lassen. Milch mit Butter erwärmen (nicht kochen). Gemüse durch Kartoffelpresse oder einen Stampfer in eine Schüssel drücken. Milch-Butter-Mischung, Salz und Gewürze zum Gemüse geben. Mit dem Schneebesen gut vermengen und abschmecken. Ist das Püree zu fest, noch etwas warme Milch hinzufügen, bis die Konsistenz passt. Mit gehackter Petersilie bestreuen.

2 Erbsenpüree: Knoblauchzehe fein würfeln und in der zerlassenen Butter 2 Minuten dünsten. Die TK-Erbsen hinzugeben und weitere 2 Minuten mitdünsten. Danach die Gemüsebrühe angießen und die Erbsen zugedeckt bei mittlerer Hitze 5 Minuten kochen. Zwei EL Erbsen entnehmen, den Rest pürieren. Die ganzen Erbsen und 2 EL Crème fraîche unterrühren und Püree mit Salz und Pfeffer würzen. Nach Belieben mit Basilikumblättchen bestreuen.

3 Süßkartoffelpüree: Süßkartoffeln schälen, in kleine Stücke schneiden und in einem Topf etwa 15 Minuten bei niedriger Stufe zugedeckt kochen, bis alles weich ist. Abgießen, Butter hinzufügen und das Ganze mit einem Stampfer bearbeiten. Nach und nach die Milch dazugießen und alles gut vermischen. Knoblauch durch eine Presse zerkleinern und zur Masse geben. Sobald ein lockeres, cremiges Püree entsteht, mit Pfeffer, Salz, Schnittlauch und Muskatnuss abschmecken. Sollte das Püree noch zu fest sein, mit ein wenig Mandelmilch auflockern. Mit gehacktem Koriander bestreuen.

ZUBEREITET AM: FÜR: | ES WAR: ☐ ☐ ☐ | NOCHMAL? ☐ ja ☐ nein

DAMPFERKNÖDEL

LUXUS KANN SO EINFACH SEIN

Die Elbe schlängelt sich malerisch durch Dresden. Jeden Tag schieben sich nicht nur die teils historischen Dampfer den Fluss hoch und runter, sondern es nutzen auch viele Schiffe den Fluss als Wasserstraße. Aus dem Nachbarland Tschechien – dort ist die Elbe-Quelle – bringen sie mit den Knedlíky unglaublich leckere Beilagen auf unsere Tische: die berühmten Böhmischen Knödel! Gleich ausprobieren.

SCHWIERIGKEITSGRAD:

ZUTATEN FÜR 2 PERSONEN

- ½ TL Zucker
- 1 TL Salz
- 500 g Mehl
- 250 ml lauwarme Milch
- ½ Würfel Hefe
- 1 Ei
- Brotwürfel aus einem altbackenen Brötchen

1 Die altbackenen Brötchen würfeln. Mehl und Salz in eine Schüssel geben. Hefe mit Zucker in der lauwarmen Milch unter Rühren auflösen, dann stehen lassen, bis der Teig Blasen wirft. Wenn das geschehen ist, gibt man die Mischung zum Mehl. Dem Teig das Ei und die Brötchenwürfel hinzugeben und gut kneten, bis alles schön geschmeidig wird.

2 Der Teig darf weder zu wässrig noch zu trocken sein. Falls doch, mit etwas Mehl oder Wasser gegensteuern. Der perfekte Teig ist glatt und klebt nicht an der Schüssel. Er sollte mit vielen kleinen Luftblasen gefüllt sein.

3 Teig 20 Minuten bei Zimmertemperatur aufgehen lassen, erneut kurz verkneten und wieder aufgehen lassen. Das Prozedere insgesamt dreimal wiederholen. Mit einem Messer Teig in drei gleich große Teile schneiden, daraus längliche Rollen formen.

4 In einem am besten ovalen Topf gesalzenes Wasser zum Kochen bringen. Der Teig geht durch die Hefe auf, daher ist es wichtig, dass der Topf ausreichend groß ist. Die Rollen hineingeben, kurz aufkochen lassen. Danach Temperatur herunterregeln. Der Knödel sollte im wallenden Wasser ziehen, auf keinen Fall stark kochen. Zwischendurch umdrehen. Nach etwa 20 Minuten mit einer Schaumkelle aus dem Wasser heben. Sofort mit einer Gabel einstechen, damit das Wasser entweicht. Die fertigen Knödel noch heiß mit Hilfe eines Fadens in Scheiben schneiden. Als sättigende Beilage perfekt zu Gulasch und Pilzgerichten.

ZUBEREITET AM: FÜR: | ES WAR: ☐ ☐ ☐ | NOCHMAL? ☐ ja ☐ nein

CAMPUS-QUICKIE NACH ART DER MATRIX

SATT WIE EIN STUDENT

Fast schon eine eigene Stadt mitten in der Stadt: Rund 45.000 Studenten sind an den Dresdner Hochschulen eingeschrieben. Und sie genießen nicht nur praxisnahe Ausbildung – sondern sind auch danach heiß begehrte Fachkräfte bei Firmen in aller Welt. Wer sich zwischen den Vorlesungen stärken will, geht etwa in die »Mensa Matrix« auf dem Campus in der Südvorstadt. Am Abend steigen hier Konzerte und Semesterpartys. Wer lieber schnell und günstig zu Hause speisen will, dem sei dieser Klassiker ans Herz gelegt.

SCHWIERIGKEITSGRAD:

ZUTATEN FÜR 2 PERSONEN

- 400 g Kartoffeln, festkochend
- 40 g Butterschmalz
- 1 EL Butter
- Salz
- Schnittlauch, in Röllchen geschnitten

1 Die Kartoffeln sollten alle etwa dieselbe Größe haben. Gut abbürsten und waschen. Mit kaltem Wasser knapp bedecken und mit 1 TL Salz ca. 20 Min. lang kochen.

2 Wasser abgießen, Kartoffeln ausdampfen lassen. Kartoffelschalen abziehen, solange die Knollen noch warm sind. Danach vollständig erkalten lassen, am besten über Nacht.

3 Die Kartoffeln in etwa 5 mm dünne Scheiben schneiden. Butterschmalz in einer großen Pfanne heiß anbraten, Kartoffelscheiben hinzugeben (eine Schicht, sonst werden sie matschig) und von jeder Seite 3–4 Minuten in Ruhe anbraten, bis sie eine knusprig-braune Kruste aufweisen. Ganz zum Schluss einen EL Butter hinzugeben, jetzt erst salzen. Nach Belieben mit Schnittlauchröllchen garnieren.

Der **ZEIGEFINGER** des Goldenen Rathausmannes misst 30 Zentimeter.

ZUBEREITET AM: FÜR: | ES WAR: ☐ ☐ ☐ | NOCHMAL? ☐ja ☐nein

Dresdens Schutzpatron Herkules thront 100 Meter über der Stadt. Der Goldene Rathausmann schüttet mit einer Hand sein Füllhorn aus, mit der anderen zeigt er auf die Schönheiten der Elbmetropole.

GRÜNE KURFÜRSTENKLÖSSE

BODENSTÄNDIGER KLASSIKER

Zugegeben, die Grünen Klöße sind eine Spezialität des Vogtlandes in Westsachsen. Aber die sächsischen Kurfürsten werden sie auch in Dresden zu deftigen Speisen geliebt haben. Etwa wenn sie im Königlich-Sächsischen Staatsbad im vogtländischen Elster oder Brambach entspannt haben. Sie passen zu Braten aller Art oder zu einem kräftigen Gulasch.

SCHWIERIGKEITSGRAD:

ZUTATEN FÜR 2 PERSONEN
- 1 Scheibe Toastbrot
- 25 g Butter
- 750 g mehligkochende Kartoffeln
- 1 EL Meerrettich (Sahnemeerrettich)
- Salz, Pfeffer
- etwas Kartoffelstärke

1 Butter in einer Pfanne zergehen lassen. Toastscheibe in Würfel schneiden und in der Pfanne goldbraun braten. Kräftig salzen. Am besten eine gewürfelte Toastscheibe extra zum Naschen mitbraten.

2 Kartoffeln schälen, ein Drittel davon kochen. Den Rest fein reiben. Die geriebenen, rohen Kartoffeln kräftig durch ein sauberes Küchentuch ausdrücken. Das Wasser auffangen. Die Kartoffelmasse sollte sich danach nur noch leicht feucht anfühlen. Die ausgedrückten rohen Kartoffeln kommen in eine Schüssel.

3 Gekochte Kartoffeln abgießen und abkühlen lassen. Anschließend werden diese ebenfalls gerieben oder durch die Kartoffelpresse gedrückt und zu der rohen Kartoffelmasse gegeben. Sahnemeerrettich unterrühren und alles zu einer geschmeidigen Masse verkneten. Das Kartoffelwasser vorsichtig abgießen und die am Boden klebende Stärke unter die Kartoffelmasse mengen. Wenn diese Stärke nicht reicht, eventuell noch etwas Kartoffelstärke zugeben.

4 Jetzt geht es ans Formen der Klöße. Sie sollten gleichgroß sein. In jeden Kloß 1 bis 2 Croûtons geben, wieder verschließen und noch einmal rund formen.

5 Die Klöße kommen in einen großen Topf mit kochendem Wasser, das kräftig gesalzen ist. 10–15 Minuten leicht köcheln. Achtung: Sie dürfen nicht kochen, sonst fallen sie auseinander! Sobald die Klöße an der Wasseroberfläche schwimmen, nimmt man die Hitze zurück und lässt die Grünen Klöße für weitere 10 bis 15 Minuten ziehen.

ZUBEREITET AM: FÜR: | ES WAR: ☐ ☐ ☐ | NOCHMAL? ☐ja ☐nein

FALAFEL À LA YENIDZE

GENUSS AUS 1001 NACHT

Die Yenidze ist eine ehemalige Zigarettenfabrik, die wie eine Moschee aussieht. Heute sind in dem markanten Gebäude in der Dresdner Friedrichstadt vor allem Büro- und Gewerbeflächen, aber auch ein Restaurant untergebracht. Die arabische Community ist in Dresden zahlreich vertreten und bringt so manche Leckereien auf die Tische. Der Klassiker: Falafel. Sahteen wa afiyeh! – Guten Appetit!

SCHWIERIGKEITSGRAD:

ZUTATEN FÜR 2 PERSONEN

- 250 g getrocknete Kichererbsen
- 2 Knoblauchzehen
- 1 Zwiebel
- 1 kleines Bund Koriander
- 1 Bund Petersilie, glatt
- 2 TL Kreuzkümmel
- 1 TL Koriandersamen, getrocknet
- 1 TL Salz
- Öl zum Frittieren

1 Kichererbsen über Nacht in Wasser einweichen lassen – mindestens 12 Stunden, nicht kochen.

2 Zwiebel und Knoblauch schälen. Zwiebel in Viertel schneiden.

3 Kichererbsen in einem Sieb abseihen. Mit Knoblauch, Zwiebel, Koriander (frisch sowie die gemahlenen Samen), Petersilie, Kreuzkümmel und Salz mit Mixer oder Küchenmaschine zu einer homogenen Masse mixen, am besten in Teilen und abschließend zu einem »Teig« zusammenfügen. Die Masse in eine Schale umfüllen, flachdrücken und für ca. 1 Stunde in den Kühlschrank stellen.

4 Öl in der Fritteuse oder in einem hohen Topf erhitzen. Die Masse jetzt mit der Hand oder Löffel in kleine »Buletten« pressen oder, wenn vorhanden, mit einem Falafel-Portionierer formen und in das heiße Öl geben. Die Bratlinge etwa 3 Minuten frittieren, bis sie gold-braun sind.

ZUBEREITET AM: FÜR: | ES WAR: ☐ ☐ ☐ | NOCHMAL? ☐ja ☐nein

Der Eindruck täuscht: Dieses Bauwerk mit seiner großen Kuppel ist keine Moschee. Das Minarett, eigentlich Turm für Gebetsrufe, ist stattdessen ein Schornstein und Teil der Zigarettenfabrik »Yenidze«, die 1907 in Dresden-Friedrichstadt errichtet wurde. In der Kuppel finden heute regelmäßig Veranstaltungen statt.

PIONIERECKCHEN VOM ALBRECHTSBERG

EIN SCHLOSS FÜR ALLE

So mancher Dresdner sagt immer noch »Pionierpalast«, wenn er von Schloss Albrechtsberg redet. Hier traf sich einst die Jugend der Stadt zum staatlich organisierten Freizeitprogramm. Das maurisch-orientalische Bad im Keller war Vorbild für den Defa-Film »Der kleine Muck«. Heute strahlt der Kronensaal prächtig bei Festen und Konzerten. Das Gebäude gehört zu einem Ensemble von insgesamt drei Elbschlössern im Lingnerpark, die am besten während einer Dampferfahrt auf der Elbe bestaunt werden können. Den schnellen Snack gibt's hier.

SCHWIERIGKEITSGRAD:

ZUTATEN FÜR 2 PERSONEN

- 750 g Kartoffeln, festkochend
- 1 TL Backpulver
- Rosmarin, getrocknet oder als Zweig
- Salz
- Olivenöl
- Sesam (schwarz)

1 Kartoffeln waschen und schälen. In Spalten schneiden und in einen großen Topf mit Salzwasser geben. Die Kartoffeln sollten komplett bedeckt und einige Zentimeter unter Wasser sein. 1 TL Backpulver hinzufügen und bissfest garen.

2 Ofen auf 180 °C Umluft vorheizen. Blech mit Backpapier auslegen.

3 Kartoffeln abgießen, gut abtropfen lassen und in einer Schüssel mit etwas Öl und Salz durchschwenken. Rosmarin, getrocknet oder als Zweig, hinzugeben.

4 Kartoffelspalten auf dem Backpapier verteilen und etwa für eine halbe Stunde in den Ofen schieben. Zwischendurch immer mal testen, ob sie knusprig genug sind. Mit Sesam bestreut servieren. Dazu passen Salat und frischer Kräuterquark.

ZUBEREITET AM: FÜR: | ES WAR: ☐ ☐ ☐ | NOCHMAL? ☐ja ☐nein

MINISTERS SCHAUMIGE MAYONNAISE

FEINE KOST UND GROSSE POLITIK

Hand aufs Herz: Kennen Sie die Namen aller Mitglieder der sächsischen Regierung? Falls ja: Hut ab. Die Ministerinnen und Minister treffen wichtige Entscheidungen für den Freistaat – gemeinsam mit den Abgeordneten des sächsischen Parlaments. Das tagt gleich hinter der Semperoper im Landtagsgebäude am Bernhard-von-Lindenau-Platz. Ein Schelm, wer manchen Vertretern dort schaumige Worte unterstellt. Ganz schaumig hingegen ist die Mayonnaise nach unserem Rezept, wie sie auch Politiker nicht ablehnen würden.

SCHWIERIGKEITSGRAD:

ZUTATEN FÜR 2 PERSONEN

- 1 Eigelb
- ½ TL Senf
- ca. 150 ml gutes Olivenöl
- Salz, Pfeffer
- nach Belieben Kräuter, Chili, Knoblauch oder Pesto

1 Eigelb und Senf miteinander schaumig rühren. Wichtig: Das Ei sollte Zimmertemperatur haben. Olivenöl langsam und mit dünnem Strahl untermischen. Sobald die Masse emulgiert, kann das Öl großzügiger zugegossen werden.

2 So viel Öl hinzufügen, bis die gewünschte Menge Mayonnaise erreicht ist oder bis diese kein Öl mehr aufnimmt.

3 Anschließend mit Salz und Pfeffer abschmecken und nach Belieben weitere Zutaten unterrühren: Chili, Kräuter, Knoblauch, Pesto … Mayonnaise kühl aufbewahren und innerhalb von ein bis zwei Tagen verbrauchen.

252 METER ist Dresdens größtes Bauwerk – der Fernsehturm

ZUBEREITET AM: FÜR: ES WAR: ☐ ☐ ☐ NOCHMAL? ☐ ja ☐ nein

Fast fünf Jahrzehnte lag das barocke Gotteshaus in Trümmern, bevor es originalgetreu wiederaufgebaut wurde. Als einer der größten Sandsteinbauten der Welt prägt es heute wieder Dresdens Silhouette.

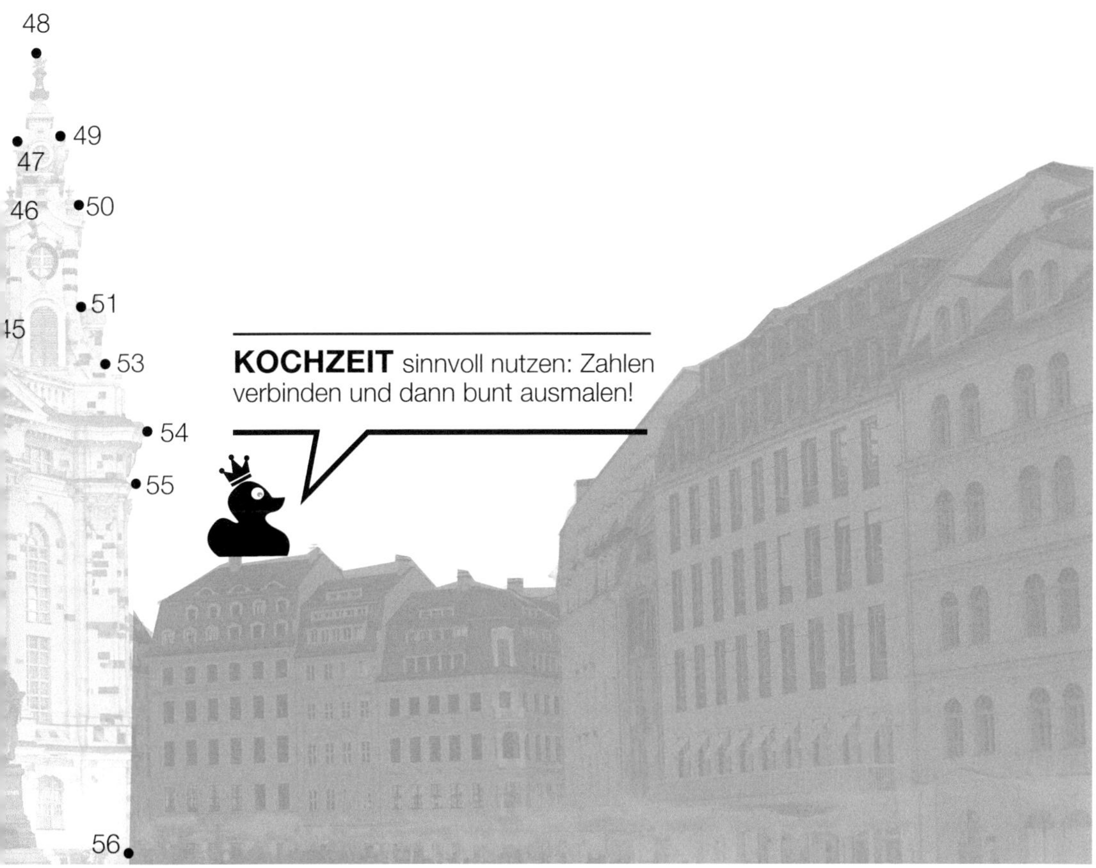

KOCH MICH! DRESDEN

SALATE

Klassisch oder lieber ausgefallen?
Hier haben wir ihn, den Salat.
Frische Kost für jeden Geschmack
darf beim Menü nicht fehlen.

PILLNITZER SCHLOSSGARTEN-SALAT MIT GLASNUDELN

EIN HAUCH FERNOST

Beim Rundgang durch den Pillnitzer Schlossgarten mit der weltberühmten Kamelie entdecken Spaziergänger eine wilde Mischung asiatisch anmutender Formen. Sie entstanden im Stile des Exotismus, wie er Ende des 17.Jahrhunderts aufkam. Bedient wurde sich an allem, was irgendwie »exotisch« wirkte. Besucher flanieren heute bei schönem Wetter andächtig durch die beeindruckende Gartenwelt mit dem Hauch Fernost – was auch auf den Tellern für Begeisterung sorgt.

SCHWIERIGKEITSGRAD:

ZUTATEN FÜR 2 PERSONEN

- 100 g Glasnudeln
- 2 Knoblauchzehen, zerdrückt
- 150 g Edamame (TK oder frisch)
- 2 Frühlingszwiebeln
- 1 rote Chilischote
- Koriander, gehackt plus ein paar Blätter zum Garnieren
- Minze, gehackt
- Sesamsamen, geröstet
- Salz
- Cashewnüsse

Für das Dressing:

- 1 EL Ingwer, gerieben
- 2 Limetten, Saft davon
- 2 EL Erdnussöl
- 1 EL Palmzucker
- 1 TL Tamarindenpaste
- ½ TL Tamari
- ½ TL Meersalz

1 Die Edamame kurz blanchieren, so dass sie noch knackig bleiben. Chili und Frühlingszwiebeln in dünne Ringe schneiden. Knoblauch pressen.

2 Glasnudeln nach Packungsanleitung zubereiten. Nudeln mit Chili, Frühlingszwiebeln, Knoblauch, gehacktem Koriander und Minze nach Belieben vermischen.

3 Dressing aus allen Zutaten in einem schmalen Gefäss zubereiten und über die Glasnudeln geben. Zum Schluss mit Cashews, geröstetem Sesam und einigen Korianderblättern garnieren.

ZUBEREITET AM: FÜR: | ES WAR: ☐ ☐ ☐ | NOCHMAL? ☐ja ☐nein

NÜRNBERGER-EI-SALAT

RUNDE GESCHMACKSSACHE

In Dresden geht's rund! Die ovale Platzanlage auf der Achse Nürnberger Straße – zwischen Hübnerstraße und Bernhardstraße gelegen – entstand vor mehr als 100 Jahren. Die meisten früher dort stehenden Gebäude wurden im Krieg zerstört. Heute finden sich hier in der Südvorstadt vor allem Geschäftsräume, aber auch reichlich Grün. Geblieben ist bis heute der Name »Nürnberger Ei«, den die Dresdner einst für die entsprechend geformte Gleisschleife der Straßenbahn erfunden hatten.

SCHWIERIGKEITSGRAD:

ZUTATEN FÜR 2 PERSONEN

- 2 Frühlingszwiebeln
- 4 Cornichons
- 6 hart gekochte Eier
- Sahne (nach Bedarf)

Für die Mayonnaise:

- 1 Eigelb (sehr frisch)
- 1 TL Dijonsenf
- 120 ml Sonnenblumenöl
- 1 EL Zitronensaft
- etwas Currypulver
- Salz und Pfeffer
- Kresse

1 Zuerst geht es an die Mayonnaise. Alle dafür verwendeten Zutaten müssen etwa 15 Minuten vorher aus dem Kühlschrank genommen werden. Das Eigelb mit dem Senf verquirlen. Unter weiterem Rühren das Öl – erst tropfenweise, dann in dünnem Strahl – einfließen lassen, bis eine glänzende Creme entstanden ist. Mit Zitronensaft, Currypulver, Salz und Pfeffer abschmecken.

2 Nun die Frühlingszwiebeln für den Salat waschen, putzen und in Ringe schneiden. Die hart gekochten Eier pellen und klein würfeln. Cornichons in dünne Ringe schneiden. Alles mit der Mayonnaise und nach Bedarf etwas Sahne und einem Schluck Gurkenwasser vermengen und mit Gartenkresse bestreuen. Der Eiersalat schmeckt herrlich auf frischem Mischbrot.

ZUBEREITET AM: FÜR: ES WAR: ☐ ☐ ☐ NOCHMAL? ☐ja ☐nein

In Dresden-Loschwitz thront Schloss Albrechtsberg als Teil der Prunkbauten-Perlenkette – oberhalb der Elbe. Einst gebaut für Prinz Albrecht von Preußen, war es zu DDR-Zeiten beliebter »Pionierpalast« und bietet heute vor allem Platz für Kultur.

ELBSCHLÖSSER-SCHICHTSALAT

NOBLE KOST

Die drei Elbschlösser – flussaufwärts gesehen: Schloss Albrechtsberg, Lingnerschloss und Schloss Eckberg – »schichten« sich repräsentativ in die Elbhänge von Dresden-Loschwitz. Die zur Elbe hin gelegenen Seiten werden teilweise zum Weinanbau genutzt, um die Schlösser sind Gärten im englischen Stil angelegt worden. Gut geschichtet und mit Weintrauben, Käse und Parmaschinken kommt dieser Salat daher.

SCHWIERIGKEITSGRAD:

ZUTATEN FÜR 2 PERSONEN

- 5 Scheiben Parmaschinken
- 75 g kernlose Weintrauben (grün und blau gemischt)
- 2 EL Walnusskerne
- 1 Mini-Romanasalat
- weißer Balsamico-Essig
- 2 TL Feigensenf
- 100 g Tête-de-Moine-Käse (Röschen)
- gemischte Sprossen (z.B. Radieschen- und Rote-Bete-Sprossen)
- Olivenöl
- Salz, Pfeffer
- Zucker

1 Eine Pfanne mit Olivenöl ausstreichen und erhitzen. Parmaschinken in Scheiben darin von jeder Seite knusprig braten. Herausnehmen, auf Küchenpapier abtropfen lassen.

2 Weintrauben waschen, trocken tupfen und halbieren. Walnüsse grob hacken. Den Romanasalat putzen, waschen, trockenschleudern und in Streifen schneiden. Schinken in mundgerechte Stücke brechen.

3 Nun geht es an die Vinaigrette: 1,5 EL Essig, Senf, Salz, Pfeffer und 1 Prise Zucker verrühren. 3 EL Öl darunterschlagen.

4 Für den Schichtsalat abwechselnd Romanasalat, Käseröschen, Weintrauben, Nüsse und Schinken auf zwei Teller oder in kleine Glasschalen schichten. Zwischen jede Schicht etwas von der Vinaigrette träufeln. Etwa 30 Minuten kalt durchziehen lassen.

5 Sprossen verlesen, waschen, abtropfen lassen und auf dem Salat verteilen.

Vorbild für die Schloss-Doppeltürme war die **VILLA MEDICI** in Rom.

ZUBEREITET AM: FÜR: ES WAR: ☐ ☐ ☐ NOCHMAL? ☐ ja ☐ nein

GRÜNES-GEMÜSE-GEWÖLBE

EIN SCHATZ AUF DEM TELLER

August der Starke liebte schöne Dinge. Für all seine Kostbarkeiten ließ er in den 1720er Jahren eine Schatzkammer errichten. Den Namen »Grünes Gewölbe« erhielt das heutige Museum aufgrund der malachitgrün bemalten Kapitelle und Säulenbasen. Ursprünglich hießen die vier Räume »Geheime Verwahrung«. Gar nicht geheim, aber dafür ein grün-glänzender Schatz ist dieser Salat mit grünen Bohnen.

SCHWIERIGKEITSGRAD:

ZUTATEN FÜR 2 PERSONEN

- 1 Paprikaschote, rot
- 2 Eier, Größe M
- Meersalz
- 150 g grüne Bohnen
- 1 rote Zwiebel
- 1 Zehe Knoblauch
- 10 EL Olivenöl
- 75 g Weißbrot
- 200 g Cherrytomaten
- 1 Stiel Basilikum
- 8 bis 10 Oliven, schwarz
- 2 TL Kapern
- 2 EL Weißweinessig
- Salz, Pfeffer

1 Paprika längs halbieren und entkernen. Die Paprikahälften mit der Hautseite nach oben auf ein Backblech legen und im vorgeheizten Backofengrill bei 250 °C für etwa 6–8 Minuten grillen, bis die Haut dunkle Blasen wirft. Herausnehmen, ausdämpfen lassen, häuten und in mundgerechte Stücke schneiden.

2 Eier in kochendem Wasser hart kochen, abschrecken und schälen. Grüne Bohnen putzen und in sprudelnd kochendem Salzwasser 5 Minuten garen. Mit einer Schaumkelle herausnehmen, in einem Sieb auf Eiswürfeln abschrecken und gut abtropfen lassen.

3 Zwiebel und Knoblauch in feine Würfel schneiden. In einer kleinen Pfanne mit 2 EL Olivenöl bei mittlerer Hitze glasig dünsten. Anschließend beiseitestellen und abkühlen lassen. Weißbrot in etwa 2 cm große Würfel schneiden und mit 4 EL Olivenöl in einer Pfanne rundum goldbraun rösten. Tomaten waschen und halbieren. Basilikumblätter grob schneiden.

4 Für das Dressing 2 EL Weißweinessig mit Salz und Pfeffer verrühren. 4 EL Olivenöl, die abgekühlten Zwiebeln und Knoblauch dazugeben. Abgetropfte Oliven und Kapern hinzufügen. Eier vierteln.

5 Paprika, Bohnen, Brotwürfel, Tomaten und Basilikum vorsichtig mit dem Dressing mischen. Salat mit Salz und Pfeffer abschmecken, auf Teller geben und mit Eiervierteln anrichten.

ZUBEREITET AM: FÜR: | ES WAR: ☐ ☐ ☐ | NOCHMAL? ☐ja ☐nein

BUNTER-REPUBLIK-SALAT

PERFEKT FÜRS KATERFRÜHSTÜCK

Die »Bunte Republik Neustadt« gab es von 1990 bis 1993 – ein »Scheinstaat« im Stadtteil Äußere Neustadt. Seitdem fand jedes Jahr im Juni – 2020 gestoppt durch die Corona-Pandemie – ein großes Fest im Viertel mit der höchsten Kneipendichte Dresdens statt. Kunterbunt ging es her, vor allem wenn Anwohner ihrer Kreativität freien Lauf ließen, überall Bühnen aufploppten oder Künstler auf der Straße Menschen verzauberten. Bunt ist auch dieser Salat mit Nudeln, Gemüse und viel Mozzarella, der sich gut als »Katerfrühstück« eignet.

SCHWIERIGKEITSGRAD:

ZUTATEN FÜR 2 PERSONEN

- 250 g Tortellini
- 1 Salatgurke
- 200 g Kirschtomaten
- 2 Paprika, bunt gemischt
- 1 Packung Büffelmozzarella (alternativ geht auch normaler Mozzarella)
- Basilikum, frisch
- Rucola

Für das Dressing:

- 1 TL Salz
- ½ TL Zucker
- 3 EL Balsamicoessig
- 6 EL Olivenöl

1 Die Tortellini bissfest garen, abgießen und abkühlen lassen.

2 Gurke, Paprika, Tomaten und den Büffelmozzarella in Stücke schneiden und in eine Schüssel geben.

3 Dressing zubereiten: Salz, Zucker, Essig und Öl gut miteinander verrühren.

4 Die abgekühlten Nudeln gesellen sich jetzt zu Gemüse, Mozzarella und einer guten Portion frischem Basilikum. Alles vorsichtig vermischen und mit dem Dressing übergießen.

5 Nach Belieben mit Salz und Pfeffer würzen, gern mit ein wenig Rucola verfeinern.

ZUBEREITET AM: FÜR: | ES WAR: ☐ ☐ ☐ | NOCHMAL? ☐ ja ☐ nein

CRAFT
BEER
STORE
UNSER

Ein Schauspiel für Augen und Ohren bei Regen verspricht der Hof der Elemente mit seinen kunstvoll geformten Fallrohren. Früher waren hier in der Neustadt heruntergekommene Hinterhöfe. Heute pulsiert das Leben in den verbundenen Kunsthöfen.

SPARGELSALAT »CANALETTO«

AUGEN- UND MAGENSCHMAUS

Der Canaletto-Blick fängt Dresden von seiner Schokoladenseite ein – und ist wohl die häufigste Ansicht der Elbmetropole. Er zeigt das Panorama der Altstadt, porträtiert von der Neustädter Seite aus. Canaletto: So wurde Maler Bernardo Belloto genannt, der diesen romantischen Ausblick 1748 auf einem Ölgemälde verewigte – zu finden in der Gemäldegalerie Alte Meister. Ein Augen- und Magenschmaus ist dieser frühlingshafte Salat.

SCHWIERIGKEITSGRAD:

ZUTATEN FÜR 2 PERSONEN

- 500 g grüner Spargel
- 4 Eier, hart gekocht
- 1 EL flüssiger Honig oder Agavensirup
- 10 Radieschen
- Feldsalat, etwa eine Handvoll
- 2 TL Kapern
- 10 Oliven, schwarz
- 2 Stangen Frühlingszwiebeln
- etwas Fleur de Sel oder grobes Salz

Für das Dressing:

- 1 EL Senf (z. B. Dijon)
- 1 EL flüssigen Honig
- 1 EL Weißweinessig
- 3 EL Olivenöl
- Salz

1 Die Eier hart kochen, nach dem Pellen in Viertel schneiden und zur Seite stellen. Spargel abspülen und am unteren Ende jeder Stange etwa 1 cm abschneiden.

2 Olivenöl in einer großen Pfanne erhitzen (nicht zu heiß) und den Spargel darin rundherum anbraten, bis er eine schöne glänzende Farbe bekommen hat. Honig über den Spargel träufeln und gut durchschwenken.

3 Sobald sich der Honig aufgelöst und ein golden-braunes Karamell gebildet hat, den Spargel mit schwarzem Pfeffer und Meersalz würzen.

4 Ein Bett aus Feldsalat, Kapern, Oliven- und Radieschenscheiben bauen, darüber den noch warmen Spargel und die Eier platzieren.

5 Für das Dressing das Salz mit dem Essig verrühren, anschließend das Öl nach und nach dazugeben und weiterrühren. Jetzt kommen der Honig und der Senf dazu. Abschließend mit etwas Pfeffer würzen. Alles ordentlich verrühren, abschmecken und über den Salat geben. Die in Scheibchen geschnittenen Frühlingszwiebeln über dem Salat verteilen und mit Fleur de Sel bestreuen.

Als »Dresdene« wurde die Stadt erstmals **1206** urkundlich erwähnt.

ZUBEREITET AM: FÜR: | ES WAR: ☐ ☐ ☐ | NOCHMAL? ☐ja ☐nein

KÖNIG ALBERTS FLEISCHSALAT

DEFTIG UND GUT

Die Sachsen lieben es deftig. Das hat sich seit König Alberts (1828–1902) Zeiten kaum geändert. Fleischsalat ist oft Bestandteil des sächsischen Kartoffelsalates. Aber auch solo ist er beliebt. Wäre Albert nicht fast 30 Jahre lang Landesherr gewesen, hätte er sich gewiss – ganz profan – alle Finger danach abgeleckt.

SCHWIERIGKEITSGRAD:

ZUTATEN FÜR 2 PERSONEN

- 200 g Schinkenwurst oder grober Fleischkäse
- 75 g saure Gurken
- 1 mittelgroße Zwiebel
- 1 EL Essig
- 1 EL Öl
- Salz, Zucker
- frisch gemahlener Pfeffer
- zur Dekoration: saure Gurke, Tomate

1 Fleischkäse oder die Schinkenwurst in Streifen und die Gurken in dünne Scheibchen schneiden.

2 Zwiebel schälen und in dünne Streifen schneiden.

3 Alles in einer Schüssel vermischen und die Marinade aus Essig, Öl, Salz, Zucker und Pfeffer darübergeben.

4 Der Fleischsalat darf danach für mindestens 1–2 Stunden im Kühlschrank durchziehen.

5 Auf Tellern anrichten, mit Tomatenscheiben und einer in Fächer geschnittenen Gurke garnieren.

ZUBEREITET AM: FÜR: | ES WAR: ☐ ☐ ☐ | NOCHMAL? ☐ja ☐nein

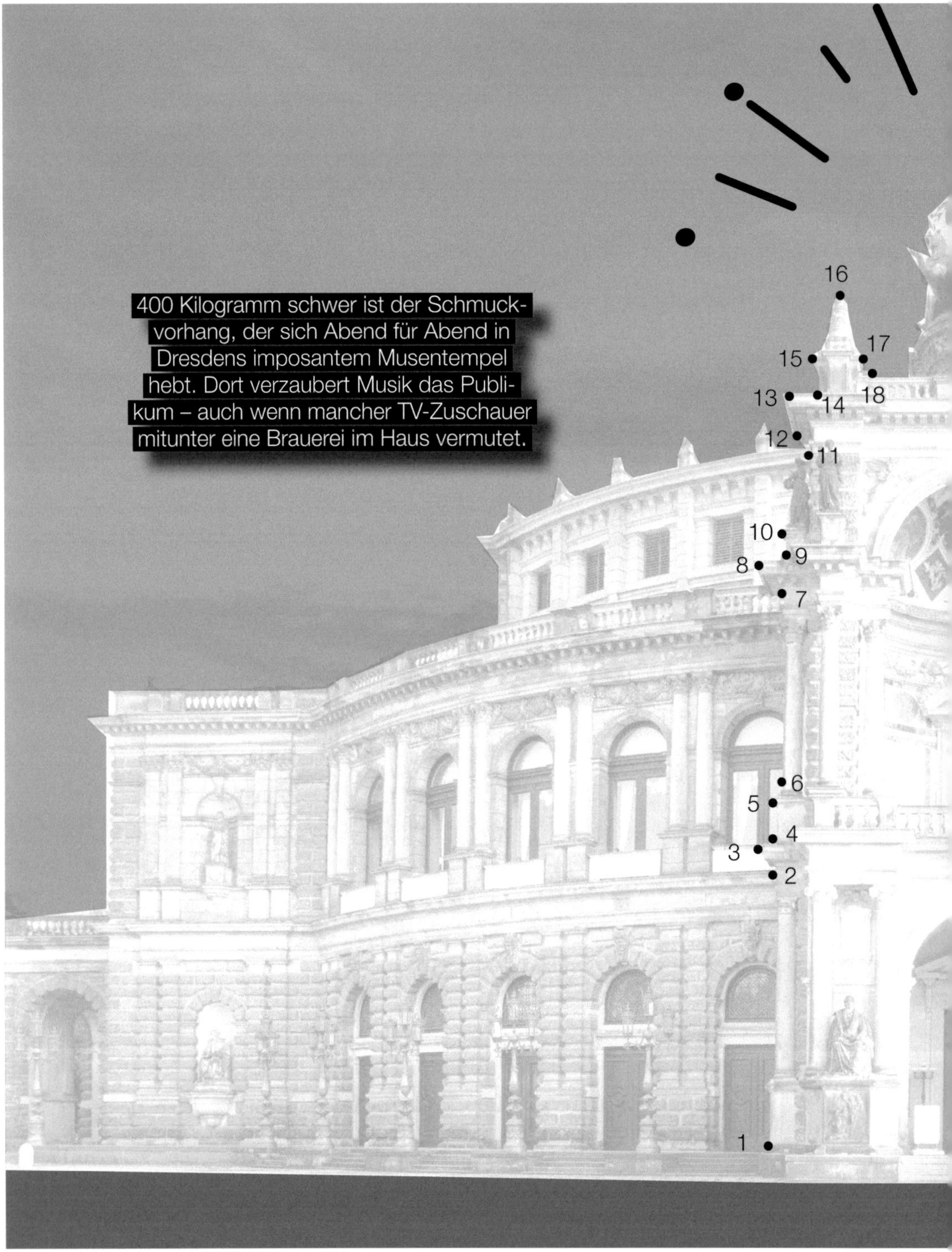

400 Kilogramm schwer ist der Schmuckvorhang, der sich Abend für Abend in Dresdens imposantem Musentempel hebt. Dort verzaubert Musik das Publikum – auch wenn mancher TV-Zuschauer mitunter eine Brauerei im Haus vermutet.

21
20
22
19
23
24
25
26
27
28
29
KOCHZEIT sinnvoll nutzen: Zahlen verbinden und dann bunt ausmalen!
30
31
32
33
34

KOCH MICH! **DRESDEN**

HAUPTGERICHTE

Da werden die Gäste Augen machen. Von Fisch bis Fleisch ist alles dabei: Rezepte für jeden Tag oder das opulente Festmahl.

SEEVORSTÄDTER LACHSFILET

KOMMT F(R)ISCH AUF DEN TISCH

Wer am Hauptbahnhof aussteigt und über die große Haupteinkaufsmeile Prager Straße flaniert, ist mittendrin in der Dresdner Seevorstadt. Der Name des Stadtteils leitet sich von mehreren Seen ab, die dem späteren Wassergraben der Stadtbefestigung südlich vorgelagert waren – darunter der vom Kaitzbach gespeiste Jüdenteich. Die Seen selbst wurden ab dem späten Mittelalter trockengelegt.

SCHWIERIGKEITSGRAD:

ZUTATEN FÜR 2 PERSONEN

- 2 Lachsfilets, ohne Haut (frisch oder TK)
- 1 Bio-Zitrone
- 1 EL Zitronensaft
- 3 EL Olivenöl
- 2 Knoblauchzehen
- 1 TL Honig
- Salz, Pfeffer
- 2 Thymianzweige

1 Den Backofen auf 180 °C Ober-/Unterhitze (160 °C Umluft) vorheizen und eine kleine Auflaufform mit etwas Olivenöl einfetten. Lachsfilets trocken tupfen, salzen und in die Auflaufform geben. (Tiefgekühlten Lachs vorher auftauen.)

2 Die halbe Zitrone heiß abwaschen und abtrocknen, in etwa 3 mm dicke Scheiben schneiden. Diese Scheiben nochmal halbieren.

3 Die beiden Thymianzweige waschen und trocknen. Die Knoblauchzehen schälen, aber nicht pressen, sondern nur mit dem Handballen etwas andrücken.

4 Die halbierten Zitronenscheiben, die Thymianzweige und den Knoblauch um die Lachsfilets herum drapieren.

5 Olivenöl, Zitronensaft und Honig vermengen und kräftig mit Salz und Pfeffer würzen, nach Belieben nochmal abschmecken.

6 Das Dressing über die Fischfilets geben und für etwa 20 Minuten im vorgeheizten Backofen auf der mittleren Schiene garen. Dazu passen ein frischer Salat und Baguette.

ZUBEREITET AM: FÜR: | ES WAR: ☐ ☐ ☐ | NOCHMAL? ☐ja ☐nein

WEISSER-HIRSCH-RAGOUT AUS DER DRESDNER HEIDE

SCHMECKT WIE IN DER SCHÄNKE

Zwischen Heide und dem Luisenhof erstreckt sich im Norden Dresdens der »Weiße Hirsch« mit hübschen Jugendstilvillen und vielen Restaurants. Seinen Namen bekam das Viertel nach einer Schänke, die der kurfürstliche Kapellmeister Christoph Bernhard auf einem Weinberg errichtet hatte und die 1688 das Schankrecht erhielt. Im Laufe der Zeit wurde der gesamte Stadtteil so bezeichnet. Für unser Ragout spielt die Fellfarbe des Hirsches allerdings keine Rolle.

SCHWIERIGKEITSGRAD:

ZUTATEN FÜR 2 PERSONEN

- 400 g Hirschfleisch aus der Schulter, küchenfertig
- 100 g Waldpilze, frisch oder getrocknet
- 1 Pastinake
- 1 Möhre
- 1 kleine Zucchini
- 1 Schalotte
- 1 Knoblauchzehe
- 1 EL Pflanzenöl
- 1 EL Butter
- ½ TL Tomatenmark
- 75 ml trockener Rotwein
- ½ TL frisch gehackter Rosmarin
- ½ TL frisch gehackter Thymian
- ½ TL frisch gehackter Majoran
- ½ TL frisch gehackter Salbei
- 2 Wacholderbeeren, angedrückt
- 1 Lorbeerblatt
- 200 ml Wildfond
- 150 g Crème fraîche
- Salz, Pfeffer aus der Mühle

1 Das Fleisch waschen, trocken tupfen, wenn nötig von Sehnen befreien und in mundgerechte Streifen schneiden. Die Pilze putzen und klein schneiden. (Falls getrocknete Pilze verwendet werden, diese am Abend zuvor in Wasser einlegen.) Die Möhre und die Pastinake schälen und jeweils in dünne Scheiben schneiden oder hobeln. Die Zucchini nach dem Waschen würfeln. Die Schalotte und den Knoblauch abziehen und fein hacken.

2 In einem Bräter Öl erhitzen und das Fleisch von allen Seiten scharf anbraten. Schalotten, Knoblauch sowie Tomatenmark zufügen und kurz mitschwitzen. Mit dem Wein ablöschen, leicht einreduzieren lassen, die Kräuter und Gewürze zugeben und mit dem Fond auffüllen. Mit Salz und Pfeffer würzen und bei mittlerer Hitze 90 Minuten schmoren lassen.

3 In einer anderen Pfanne die Butter zerlassen und Pilze, Möhre, Pastinake und Paprika 3–4 Minuten lang anschwitzen, bis die Flüssigkeit vollständig verdampft ist. Die Pilz-Gemüse-Pfanne zu dem Hirschragout geben, Crème fraîche unterrühren, noch einmal abschmecken. Dazu passen frisches Baguette, Sonntagsklöße oder Röstis.

ZUBEREITET AM: FÜR: | ES WAR: ☐ ☐ ☐ | NOCHMAL? ☐ja ☐nein

ZWINGER-ZWIEBEL-AUFLAUF MIT KROSSEM COSEL-SPECK

HERZHAFTE KOST

Anna Constantia von Cosel, geborene von Brockdorff, galt als herausragende Mätresse Augusts des Starken. Dass dieser gutes Essen und Frauen liebte, ist kein Geheimnis. Ihre Bekanntheit verdankt von Cosel allerdings größtenteils der Tatsache, dass sie 48 Jahre ohne Prozess auf der Burg Stolpen unweit von Dresden inhaftiert war. Auch wenn ihre Verpflegung für damalige Verhältnisse nicht schlecht gewesen sein soll: Garantiert besser noch ist dieser herzhafte Auflauf.

SCHWIERIGKEITSGRAD:

ZUTATEN FÜR 2 PERSONEN

- 400 g Kartoffeln, mehligkochend
- 200 g geräucherter durchwachsener Speck
- 2 Zwiebeln
- 1 Becher Schmand
- 1 TL Kümmel, gemahlen
- 1 EL Butter
- 1 EL Paniermehl
- 1 Ei
- Salz

1 Kartoffeln schälen, klein schneiden, in Salzwasser etwa 20 Minuten lang kochen. Speck würfeln und kross in der Pfanne auslassen. Zwiebeln schälen, in Ringe schneiden und zum Speck in die Pfanne geben.

2 Bei schwacher Hitze anbraten, bis die Zwiebeln glasig sind. Kartoffeln abgießen, ausdampfen lassen und zu Püree stampfen. Ei verquirlen. Speck-Zwiebel-Mischung und Ei in das Kartoffelpüree rühren.

3 Kartoffelstampf mit Salz, Pfeffer und Kümmel würzen, gut verrühren und in eine Auflaufform füllen. Paniermehl darüberstreuen und Butter in Flocken darauf verteilen. Im vorgeheizten Backofen (200 °C Ober-/Unterhitze, Umluft 175 °C) auf mittlerer Schiene etwa 20 Minuten backen.

4 Backofen auf Oberhitze (250 °C) stellen und den Auflauf weitere 5–10 Minuten bräunen. Alternativ 5 Minuten die Grillfunktion einschalten. Zum Essen passt ein bunter Salat.

ZUBEREITET AM: FÜR: | ES WAR: ☐ ☐ ☐ | NOCHMAL? ☐ja ☐nein

Einst stand die Devise »Providentiae Memor« (deutsch: der Vorsehung eingedenk) auf dem Sachsenwappen. Am Georgentor, dem ursprünglichen Stadtausgang von Dresden zur Elbbrücke, ist sie heute noch zu lesen.

KLEINZSCHACHWITZER FÄHRSCHNITZELCHEN IN CORNFLAKESPANADE

FÄHRMANN, HOL ÜBER!

Mit der Fähre geht es von Kleinzschachwitz auf der linkselbischen Seite nach Pillnitz. Wer unweit der schmucken Villen des Stadtteils einsteigt, erhascht einen nicht minder imposanten Blick auf das Pillnitzer Wasserpalais direkt gegenüber. Auffällig: Die asiatischen Elemente an den Fassaden. Da verpassen wir doch den knusprigen Schnitzelchen auch mal gleich einen fernöstlichen Anstrich.

SCHWIERIGKEITSGRAD:

ZUTATEN FÜR 2 PERSONEN

- 300 g Chinakohl
- ½ rote Paprikaschote
- ½ Bund Lauchzwiebeln
- 125 g Schmand
- 30 g Cornflakes
- 30 g Paniermehl
- 1 Ei (Größe M)
- Pfeffer
- 2 Hähnchenfilets (à ca. 150 g)
- ½ TL Wasabipaste
- ½ Bund Koriander
- Chiliflocken
- Saft einer Limette
- Öl
- ½ TL Zucker
- Salz
- Limettenspalten zum Garnieren

1 Den Chinakohl halbieren, waschen und in Streifen schneiden. Mit ½ TL Salz und dem Zucker in einer Schüssel gut verkneten. Paprika putzen, waschen und in Streifen schneiden. Lauchzwiebeln putzen, waschen und in feine Ringe schneiden. Etwas davon zum Bestreuen beiseitestellen. Der Rest wird mit dem Paprika unter den Kohl gemischt. Limettensaft, 1 EL Öl und 50 g Schmand untermischen, kalt stellen.

2 Die Cornflakes etwas kleiner bröseln, mit Paniermehl mischen. Das Ei mit Salz und Pfeffer in einem tiefen Teller verquirlen. Filets je einmal waagerecht durchschneiden. Schnitzel erst in Ei, dann in Cornflakesmischung wenden. 2 EL Öl in einer Pfanne erhitzen. Schnitzel darin von jeder Seite 3–4 Minuten braten.

3 Die Wasabipaste mit dem restlichen Schmand verrühren. Koriander waschen, trockentupfen, Blätter abzupfen. Salat mit Chiliflocken und Salz abschmecken. Schnitzel auf Küchenpapier abtropfen lassen und in Streifen schneiden. Salat und Schnitzelstreifen zusammen anrichten. Mit Chiliflocken, Lauchzwiebeln und Koriander bestreuen. Wasabi-Schmand dazu reichen. Mit Limettenspalten garnieren.

ZUBEREITET AM: FÜR: | ES WAR: ☐ ☐ ☐ | NOCHMAL? ☐ja ☐nein

SEMPERS ELBZANDER IM BIERTEIG

FISCH WILL SCHWIMMEN

Die Elbe ist der Hotspot Nummer 1 für Dresdner Angelfreunde. Besonders bei Raubfischanglern genießt der Fluss einen guten Ruf. Nicht ohne Grund, denn den beliebten Zander gibt es hier zuhauf. Dazu ein gutes Bier, was will man mehr? Bier und Fisch lecker kombiniert gibt es in diesem Rezept. Petri Heil – und: Prost!

SCHWIERIGKEITSGRAD:

ZUTATEN FÜR 2 PERSONEN

- 500 g Zanderfilet
- 100 g Mehl
- 1 Ei
- 125 ml helles Bier, kalt
- Salz, Pfeffer
- zum Braten Butterschmalz, oder Öl für Fritteuse

Für die Remoulade:

- 2 Eier
- 1 Schalotte
- 2 Gewürzgurken
- 250 g Mayonnaise (zum Beispiel nach dem Rezept auf Seite 51)
- frische Kräuter, gehackt
- Essig, hell
- Zucker

1 Für den Bierteig das Mehl mit einem Teelöffel Salz vermischen. Mit Eigelb und Bier zu einem glatten Teig verrühren. Jetzt das Eiweiß steif schlagen und unter den Teig ziehen. 20 Minuten ziehen lassen.

2 In der Zwischenzeit die Fischfilets salzen und leicht pfeffern. Reichlich Butterschmalz in der Pfanne erhitzen und den Fisch durch den Bierteig ziehen. Die Fischfilets beidseitig etwa 10–15 Minuten lang braten. Alternativ kann der Fisch auch in der Fritteuse ausgebacken werden.

3 Zum Backfisch gehört unbedingt eine gute Remoulade. Dafür Eier hart kochen, abkühlen lassen und fein würfeln. Ebenso Schalotte und Gewürzgurken würfeln. Mayonnaise, gehackte Kräuter, 2 EL hellen Essig und 1 TL Zucker vermischen, zu den anderen Zutaten hinzufügen und alles gut verrühren. Mit Salz abschmecken.

ZUBEREITET AM: FÜR: | ES WAR: ☐ ☐ ☐ | NOCHMAL? ☐ja ☐nein

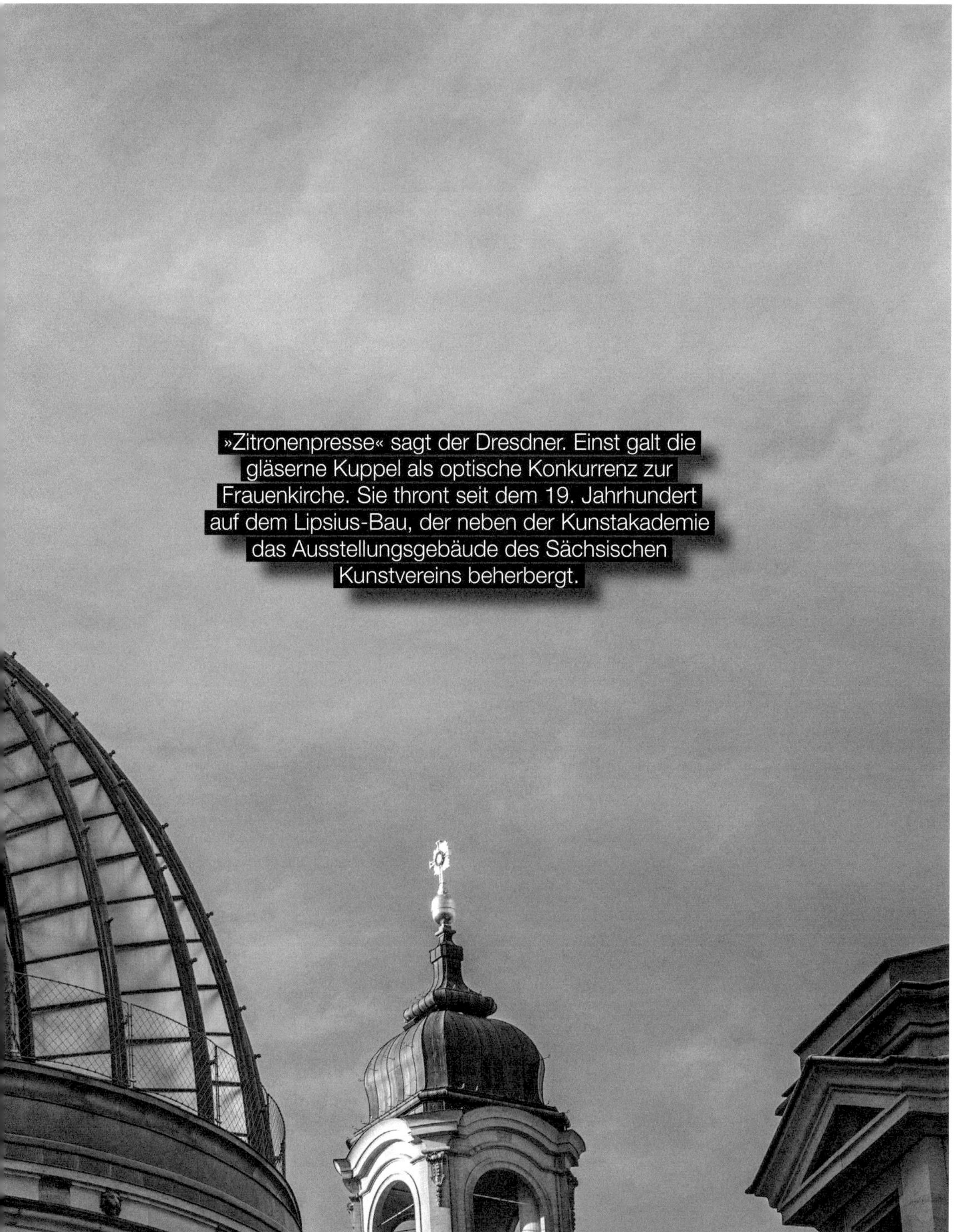

»Zitronenpresse« sagt der Dresdner. Einst galt die gläserne Kuppel als optische Konkurrenz zur Frauenkirche. Sie thront seit dem 19. Jahrhundert auf dem Lipsius-Bau, der neben der Kunstakademie das Ausstellungsgebäude des Sächsischen Kunstvereins beherbergt.

NEUSTÄDTER-MARKT-ENTENKEULEN MIT ORANGEN-HONIG-SOSSE

GOLDENES GLÜCK AUS DEM OFEN

Das Reiterstandbild August des Starken – den »Goldenen Reiter« – kennt wohl jeder mindestens von Dresden-Ansichten. Der alte König und sein Pferd blicken in Richtung Norden die Hauptstraße entlang. Unweit davon, in ihrem Rücken, lassen sich die Enten gern die Elbe heruntertreiben. Wir holen uns für das Rezept dann aber doch lieber Entenkeulen vom Fleischer.

SCHWIERIGKEITSGRAD:

ZUTATEN FÜR 2 PERSONEN

- 2 Entenkeulen
- 1 Orange
- 25 ml Orangensaft
- 2 EL Honig
- etwas Knoblauchpulver
- 1 TL Thymian, gerebelt oder frisch
- etwas Soßenbinder, dunkel
- Salz, Pfeffer (weiß)

1 Entenkeulen mit Salz und Pfeffer würzen und in einem Bräter von jeder Seite scharf anbraten. Dann mit Wasser angießen, Thymian dazugeben und für 40 Minuten in den auf 180 °C vorgeheizten Backofen (Ober-/Unterhitze) geben.

2 Die Orange schälen und filetieren. 1 TL Honig mit etwas Wasser verrühren und die Entenkeulen damit etwa 10 Minuten vor Ende der Garzeit bestreichen.

3 Wenn die Keulen schön braun und gar sind, kommen sie aus dem Ofen und werden warmgehalten. Nun kommen der Orangensaft und der restliche Honig in den Bräter. Alles aufkochen lassen, dann mit Salz, Pfeffer und etwas Knoblauch würzen und mit Soßenbinder abbinden.

4 Kurz vor dem Servieren werden die Orangenfilets dazugegeben, damit sie nicht zerkochen. Zu den Keulen gesellen sich traditionell Rotkohl und Klöße.

ZUBEREITET AM: FÜR: | ES WAR: ☐ ☐ ☐ | NOCHMAL? ☐ja ☐nein

ELBFLORENZ-GULASCH

LECKER DING WILL WEILE HABEN

Zuverlässig jeden Dienstag steht auf dem Alaunplatz im Stadtteil Äußere Neustadt – früher war hier ein Exerzierplatz der nahen Kasernenanlage – eine Gulaschkanone. Um die Mittagszeit tummeln sich besonders viele Gäste darum. Was aber, wenn der Dresdner an einem anderen Tag Lust auf kräftiges Gulasch bekommt? Dann muss er wohl selbst ran an die Töpfe. Aber das ist gar nicht so schwer, braucht nur ein wenig Zeit.

SCHWIERIGKEITSGRAD:

ZUTATEN FÜR 2 PERSONEN

- 600 g Gulaschfleisch (gemischt oder Rind)
- 2 große Zwiebeln
- 1 rote Paprika
- 1 EL Mehl
- 2 EL Tomatenmark
- 3 EL Paprikapulver, geräuchert (alternativ: edelsüß)
- 250 ml Rotwein
- 750 ml Rinderfond
- ½ EL Thymian
- ½ EL Majoran
- 2 Knoblauchzehen
- etwas Abrieb von der Zitronenschale (bio)
- 20 g Butter
- Salz, Pfeffer

1 Fleisch und Zwiebeln in große Würfel schneiden. Öl sehr heiß werden lassen und die Fleischwürfel gleichmäßig braun anziehen lassen. Die Zwiebel mitgeben und 15 Minuten mitbraten. In den letzten 5 Minuten die in Stücke geschnittene Paprika hinzufügen.

2 Das Tomatenmark hinzugeben und gut verrühren. Mit Mehl bestäuben, bis sich alles vom Topfboden löst. Paprikapulver hinzufügen und kurz mitrösten.

3 Mit dem Rotwein und dem Fond ablöschen, mit Salz und Pfeffer würzen.

4 Für das Gulaschgewürz die Knoblauchzehen ausdrücken und mit Butter vermischen. Zitronenschale und Gewürze hinzugeben. Alles mischen und zum Fleisch geben. Bei mittlerer Hitze etwa 90 Minuten schmoren. Als Beilage passen die Dampferknödel (S. 43).

ZUBEREITET AM: FÜR: ES WAR: ☐ ☐ ☐ NOCHMAL? ☐ja ☐nein

1
2
3
4
5
6
7
8
9
10
11
12
13
14
15
16
17
18
19
20
21
22
23
24
25
26
27
28
29
30
31
32
33
34
35
36
37
38
39
40
41
42
43
44
45

KOCHZEIT sinnvoll nutzen: Zahlen verbinden und dann bunt ausmalen!

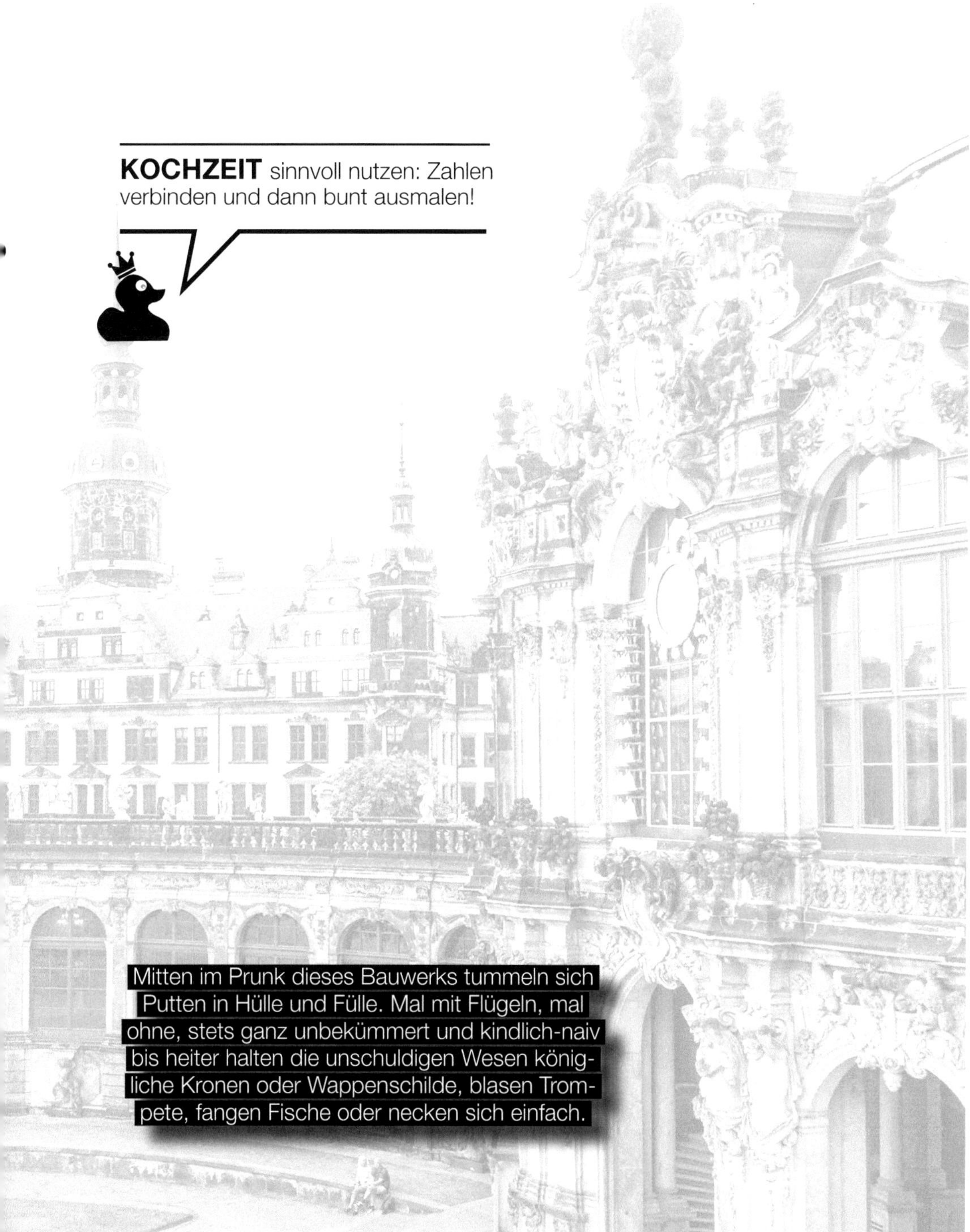

Mitten im Prunk dieses Bauwerks tummeln sich Putten in Hülle und Fülle. Mal mit Flügeln, mal ohne, stets ganz unbekümmert und kindlich-naiv bis heiter halten die unschuldigen Wesen königliche Kronen oder Wappenschilde, blasen Trompete, fangen Fische oder necken sich einfach.

KOCH MICH! **DRESDEN**

DESSERTS

Na endlich! Es wird Zeit für die süße Krönung des Menüs: Diese kreativen Leckereien machen das Essen perfekt.

BLASEWITZER PUSTEKUCHEN

HEISSGELIEBTE »BÄBE«

Früher wurde dieser Napfkuchen aufgrund seiner einfachen Zutaten oft als Leichenschmaus kredenzt. Heute »ditschen« ihn die Sachsen am liebsten in ihren Kaffee – und nennen ihn landläufig »Bäbe«. Frisch aus dem Ofen schmeckt die »Bäbe« übrigens am besten. Und das im historischen Dresdner Villen-Vorort Blasewitz mit seinen Restaurants und schmucken Cafés mindestens genauso gut wie in allen anderen Stadtteilen. Apropos: unbedingt pusten – sonst kann es schnell zu heiß im Mund werden.

SCHWIERIGKEITSGRAD:

ZUTATEN FÜR 2 PERSONEN

- 200 g Butter
- 500 g Mehl
- 30 g Hefe
- 125 g Zucker
- 250 g Rosinen
- 6 EL Rum
- Safran, einige Fäden
- ¼ Liter Milch
- 4 Eier
- 4 EL Schlagsahne
- 150 g Mandeln, gehackt

1 Rum leicht erwärmen, Safran hinzugeben. Rosinen waschen, abtropfen lassen und im Safran-Rum einweichen.

2 Mehl in eine Schüssel sieben und in die Mitte eine kleine Vertiefung drücken. Hefe mit einem Teelöffel Zucker und etwas lauwarmer Milch vermischen und in die Mulde geben. Etwas Mehl darüberstreuen. Gut abgedeckt etwa 30 Minuten an einem warmen Platz gehen lassen.

3 Zucker, Eier, Mandeln, Schlagsahne und Butter auf den Mehlrand geben und von der Mitte aus untermischen. Zum Schluss die Rum-Safran-Rosinen hinzufügen. Den Teig so lange kneten, bis er glänzt, und wieder an einem warmen Ort noch eine Stunde gehen lassen.

4 Teig noch einmal durchkneten und in eine mit Butter und Semmelbrösel ausgestreute Gugelhupfform geben. Bei etwa 200 °C (Ober-/Unterhitze) im vorgeheizten Backofen für 60 Minuten backen. Mit der Stäbchenprobe prüfen, ob der Teig durchgebacken ist.

5 Fertigen Kuchen aus der Form auf ein Gitter stürzen. Entweder abkühlen lassen und dann mit Staubzucker versehen – oder gleich warm in den Kaffee tunken.

Sachsens erste elektrische Straßenbahn wurde **1872** in Blasewitz eröffnet.

ZUBEREITET AM: FÜR: | ES WAR: ☐ ☐ ☐ | NOCHMAL? ☐ja ☐nein

COTTA-PANNA-COTTA

WIE IN ITALIEN

Selbstverständlich gibt es in Dresden, dem Florenz an der Elbe, auch kleine italienische Leckereien. Für dieses Rezept geht es dafür nach Cotta. Cotta bedeutet auf Italienisch »gekocht«. Der Name des Stadtteils im Dresdner Westen ist aber keineswegs italienisch, sondern altslawischen Ursprungs – und lässt sich auf einen Landerschließer zurückführen. Einen Hauch von »Bella Italia« bringt diese Köstlichkeit auf jeden Tisch.

SCHWIERIGKEITSGRAD:

ZUTATEN FÜR 2 PERSONEN

- 400 g Sahne
- 100 g Zucker
- 1 Vanilleschote
- 4 Blätter Gelatine, weiß

1 Sahne und Zucker in einen Topf geben. Vanilleschote auskratzen, das Vanillemark unterrühren und die leeren Schoten dazugeben. Alles bei schwacher Hitze zum Kochen bringen und 15 Minuten köcheln lassen. Achtung: Wenn die Masse zu schwach köchelt, wird unsere Cotta-Panna-Cotta nicht fest!

2 Blattgelatine in kaltem Wasser einweichen. Topf vom Herd nehmen, die Vanilleschoten herausnehmen und die ausgedrückte Gelatine unterrühren, bis sie sich aufgelöst hat.

3 Die Speise in vorher mit kaltem Wasser ausgespülte Förmchen gießen. Über Nacht im Kühlschrank fest werden lassen. Dazu passen selbst gemachte Marmelade oder ein Beerenkompott.

ZUBEREITET AM: FÜR: | ES WAR: ☐ ☐ ☐ | NOCHMAL? ☐ja ☐nein

NEUSTÄDTER ELBSANDSTEINE

SÜSSE AUSSICHTEN

Der Elbsandstein ist das »Baumittel« der Wahl in Dresden – ist er doch rundum gut verfügbar. Einst hell, dunkelt er durch Witterung und andere Einflüsse nach Jahren stark. Das ist ganz eindrucksvoll an der Frauenkirche zu sehen: Die erhalten gebliebenen Steine sind schwarz, die neuen Stellen viel heller. Apropos: Außen hell und innen dunkel kommen auch unsere Cake-Pops daher.

SCHWIERIGKEITSGRAD:

ZUTATEN FÜR 2 PERSONEN

Für den Teig:
- 80 g weiche Butter
- 75 g Blockschokolade
- 60 g Zucker
- 2 Eier
- 100 g Weizenmehl
- 2 TL Backpulver
- 50 g Mandeln, gehackt

Für die Cakepop-Masse:
- 40 g Schokostreusel
- 3 EL Butter
- 6 EL Milch
- 40 g Puderzucker

Für den Überzug:
- 200 g Kuvertüre, weiß
- 50 g Zuckerdekor

- Holz-Stiele /Lolli-Stiele

1 Blockschokolade hacken und mit der weichen Butter in einem kleinen Topf schmelzen lassen. Zur Seite stellen und abkühlen lassen. Den Ofen auf 160 °C (Umluft) vorheizen. Die Eier und den Zucker mit dem Handrührgerät in einer Rührschüssel schaumig schlagen. Mehl mit dem Backpulver mischen. Mandeln zugeben. Die Mischung vorsichtig unter die Eiercrème heben.

2 Die flüssige, zimmerwarme Schokoladenmasse hinzugeben und gleichmäßig unterrühren. Masse in eine mit Backpapier ausgelegte Backform streichen und 20–25 Minuten backen. Abkühlen lassen.

3 Den Teig zerkrümeln, mit den Schokostreuseln und Puderzucker mischen. Die weiche Butter unterarbeiten. Nach und nach die Milch zugeben, immer gut kneten. Die Masse muss noch gut zu formen sein, sie darf nicht zu fest, aber auch nicht zu trocken sein.

4 Die Masse in 16–20 Kugeln mit einem Durchmesser von etwa 2,5 cm formen. Auf eine Platte legen und für 15 Minuten in den Tiefkühler geben. In der Zwischenzeit die Kuvertüre schmelzen. Kugeln herausnehmen, vorsichtig die Holzstäbchen hineinschieben.

5 Die Cake-Pops nacheinander mit Kuvertüre überziehen und in Gläser stellen. Kuvertüre kurz antrocknen lassen, dann mit Zuckerdekor verzieren.

ZUBEREITET AM: FÜR: | ES WAR: ☐ ☐ ☐ | NOCHMAL? ☐ ja ☐ nein

Bevor die Elbe Dresden erreicht, fließt sie in der Sächsischen Schweiz an der Bastei vorbei – einer beeindruckenden Felsformation. Von der Aussichtsplattform reicht der Blick weit ins Land. Aus dem Elbsandsteingebirge kommt seit vielen Jahren Baumaterial für Gebäude in der Landeshauptstadt.

WACHWITZER WEINSCHAUMCRÈME

SÜSSE VERSUCHUNG

Wie schön sich die Weinberge entlang der Elbe auftürmen! Gerade der alte Kern von Wachwitz, einem dörflichen Stadtteil im Dresdner Osten, erhebt sich malerisch die Hänge entlang. Hier finden Wanderer Wein und Beeren. Und genau das schichten wir in diesem Rezept zu einem schmackhaften Dessert zusammen.

SCHWIERIGKEITSGRAD:

ZUTATEN FÜR 2 PERSONEN

- 100 g gemischte Beeren (z. B. Johannisbeeren, Himbeeren und Brombeeren)
- Puderzucker
- 2 Eigelb (sehr frisch)
- 40 g Zucker
- 3 EL Weißwein
- 3 EL Marsala (ital. Likörwein)
- ½ TL Bourbon Vanillezucker
- Minze zum Garnieren

1 Obst waschen. Johannisbeeren von den Rispen zupfen, größere Früchte nach Wunsch kleiner schneiden. Die Beeren auf 2 Gläser verteilen, nach Belieben mit etwas Puderzucker bestäuben.

2 Beide Eigelbe und den Zucker in ein Rührgefäß geben und mit den Quirlen des Handrührers etwa 5 Minuten dickschaumig aufschlagen.

3 Weißwein, Marsala und Vanillezucker unterrühren. Mit den Quirlen des Handrührers über einem heißen Wasserbad cremig aufschlagen. Die Weinschaumcrème auf die Beeren-Mischung in den Gläsern verteilen und das Ganze mit Minze garniert sofort servieren.

Der Fernsehturm in Wachwitz versorgt seit **1969** Dresden mit Radio und TV.

ZUBEREITET AM: FÜR: | ES WAR: ☐ ☐ ☐ | NOCHMAL? ☐ja ☐nein

STRIESENER STOLLENGEBÄCK

DER KLASSIKER MAL ANDERS

Der legendäre Striezelmarkt und die Dresdner Weihnachtszeit ohne Stollen? Undenkbar! International bekannt ist der Striezel in Form eines Brotes. Doch wir lassen den Klassiker mal ganz handlich als Konfekt daherkommen. Welcher Bäcker übrigens den besten Stollen zubereitet, darüber kann vortrefflich gestritten werden. Vielleicht werden Sie ja in Striesen fündig – einem der bevölkerungsreichsten Stadtteile Dresdens.

SCHWIERIGKEITSGRAD:

ZUTATEN FÜR 2 PERSONEN

- 100 g Rosinen
- 50 g Zitronat
- 3 EL Rum
- 250 g Mehl und Mehl zum Arbeiten
- 2 TL Backpulver
- 90 g Zucker
- ½ TL Zimt, gemahlen
- 1 Ei
- 125 g Speisequark (Magerquark)
- 50 g weiche Butter
- 50 g Mandeln, gemahlen
- 50 g Butter
- 100 g Puderzucker

1 Den Rum in einem Topf erwärmen. Rosinen und Zitronat hinzugeben und 5 Minuten im Alkohol ziehen lassen. Währenddessen den Backofen auf 200 °C (Umluft 180 °C) vorheizen.

2 Mehl, Backpulver, Zucker und Zimt in einer Schüssel vermengen. Ei, Quark und weiche Butter dazugeben und mit einem Handrührgerät (Knethaken) zu einem glatten Teig verarbeiten. Eingelegte Früchte abtropfen lassen, mit den Mandeln zu den restlichen Zutaten geben und alles noch einmal kurz verkneten.

3 Teig auf einer leicht bemehlten Arbeitsfläche etwa 3 cm dick ausrollen. Mit einem Messer kleine Quadrate (etwa 3 × 3 cm) schneiden und diese mit Abstand auf das mit Backpapier ausgelegte Blech legen. Das Stollenkonfekt etwa 20 Minuten lang backen.

4 Währenddessen die übrige Butter in einem kleinen Topf schmelzen. Stollenkonfekt aus dem Ofen nehmen und direkt weiterverarbeiten: alle Seiten mit der flüssigen Butter bestreichen und mit Puderzucker bestäuben. Vor dem Auftischen erneut mit Puderzucker bestreuen.

Alkoholfreie Variante: Statt in Rum können die Früchte auch in Orangensaft ziehen. Das Rezept ergibt etwa 40 Gebäckstücke.

ZUBEREITET AM: FÜR: ES WAR: ☐ ☐ ☐ NOCHMAL? ☐ja ☐nein

Bester Ausblick weit ins Elbtal: Kein Wunder, dass die Loschwitzer Elbhänge seit jeher zu den beliebtesten Wohngegenden gehören. Die älteste Bergschwebebahn der Welt bringt Gäste in viereinhalb Minuten zur „Schönen Aussicht“.

PFUNDSKUCHEN MIT CAROLAFLAKES

EIN FEST FÜR AUGEN UND GAUMEN

Alles Käse?! Der wohl schönste Milchladen der Welt gehört zur Molkerei Gebrüder Pfund in der Bautzner Straße. Wo schauen Gäste zuerst hin? Auf die wunderschönen Fliesen von Villeroy & Boch? Auf die vielen Käsesorten in den Vitrinen? Auf die ganzen Mitbringsel? Ein kleiner Laden voller Geschichte – und ein Touristen-Magnet. Der Pfundskuchen stammt aus England und hat seinen Namen vom Gewicht der Zutaten. Wir waren da nicht ganz so streng. Für die Flakes stand Carola Pate, Gemahlin von Albert I. – letzte Königin Sachsens.

SCHWIERIGKEITSGRAD:

ZUTATEN FÜR 2 PERSONEN

Für den Boden:
- 100 Cornflakes
- 50 g Mandeln, gehobelt
- 250 g weiße Schokolade

Für die Crème:
- 300 g griechischer Joghurt (10 % Fett)
- 70 g Zucker
- 2 TL Vanillezucker
- 3 Blatt Gelatine
- 300 g Schlagsahne

Für die Cornflakestaler:
- 20 g Cornflakes
- 20 g Mandeln, gehobelt
- 50 g weiße Schokolade

Für das Topping:
- ca. 300 g Erdbeeren, frisch
- 1 Päckchen Götterspeise, rot

1 Boden einer Springform (Durchmesser 26 cm) mit Backpapier auslegen und den Ring darum spannen.

2 Für den Boden die Schokolade hacken und im Wasserbad schmelzen lassen. Cornflakes und Mandelblättchen untermischen. Cornflakesmasse in die Springform geben und andrücken. In den Kühlschrank stellen.

3 Für die Cornflakestaler erneut weiße Schokolade hacken und im Wasserbad schmelzen lassen. Cornflakes und Mandelblättchen untermischen. Cornflakesmasse in kleinen Häufchen auf ein Backpapier oder eine Alufolie setzen. Im Kühlschrank aushärten lassen.

4 Für die Joghurt-Sahne-Crème die Gelatine in 3 EL kaltem Wasser einweichen. Joghurt mit dem Zucker und Vanillezucker glattrühren. Eingeweichte Gelatine unter Rühren auflösen. Den Topf mit der Gelatine vom Herd nehmen und mit 2 EL Joghurt verrühren, bevor alles mit dem übrigen Joghurt vermengt wird. Sahne steif schlagen und unter die Joghurt-Crème heben. Die Crème auf dem Boden verteilen. Im Kühlschrank wird die Masse nun fest.

5 Die Erdbeeren waschen, trocken tupfen und putzen. In Streifen schneiden, danach auf dem mittlerweile erkalteten Kuchen verteilen.

6 Götterspeise nach Packungsanweisung zubereiten und auskühlen lassen. Sobald die Götterspeise anfängt zu gelieren, wird sie auf die Erdbeeren verteilt. Für mindestens 3 Stunden in den Kühlschrank stellen. Zum Abschluss den Kuchen mit den Cornflakestalern verzieren.

ZUBEREITET AM: FÜR: | ES WAR: ☐ ☐ ☐ | NOCHMAL? ☐ja ☐nein

ALTSTÄDTER EIERSCHECKE

SO SCHMECKT DRESDEN

In kaum einer sächsischen Konditorei fehlt die Eierschecke. Dresden mit seinem wohlhabenden Bürgertum entwickelte sich zum Zentrum für diesen fluffigen Kuchen. Mit einem reichhaltigen Belag aus Quark- und Eiermasse war Eierschecke einst ein vergleichsweise teurer Kuchen – und früher nur für gut situierte Bürger der Hauptstadt erschwinglich. Zum Glück hat sich das geändert. Nicht nur in Dresdens Altstadt findet sich der süße Klassiker an allen Ecken. Probieren Sie mal diese köstliche Variante!

SCHWIERIGKEITSGRAD:

ZUTATEN FÜR 2 PERSONEN
Für eine Springform von 28 cm Durchmesser

- 1 Pck. Pudding (Vanille)
- ½ l Milch
- 125 g zerlassene Butter
- 75 g Zucker
- 1 Pck. Vanillezucker
- 3 getrennte Eier
- Mandelblättchen zur Deko

Für den Boden:
- 50 g Margarine
- 50 g Zucker
- 2 Eier
- 100 g Mehl
- 1 TL Backpulver

Für die Quarkcrème:
- 500 g Quark, 20 % Fett
- 2 Eier
- 150 g Zucker

1 Zuerst aus dem Vanillepuddingpulver, der Milch, 75 g Zucker und dem Vanillezucker einen Pudding kochen. Diesen zum Erkalten beiseitestellen. Damit sich keine Haut bildet, deckt man ihn mit Klarsichtfolie ab.

2 Backofen auf 180 °C Umluft vorheizen und die Springform ausbuttern.

3 Die Zutaten für den Boden zu einem Teig verarbeiten und in die Backform geben. Etwa 10 Minuten vorbacken, bis er goldgelb ist. Den Boden abkühlen lassen.

4 Die Zutaten für die Quarkcrème (Quark, Eier, Zucker) vermengen.

5 Für die Schecke die 3 Eier trennen. Den Pudding mit einem Schneebesen aufschlagen und die zerlassene Butter und die Eigelbe unterrühren. Das Eiweiß steif schlagen, dies vorsichtig und sehr langsam unterheben.

6 Den erkalteten Boden mit der Quarkmasse bestreichen, dann die Scheckenmasse obenauf geben. Nach Belieben mit Mandelblättchen bestreuen. Die Schecke bei 180 °C Umluft etwa 45 Minuten backen.

ZUBEREITET AM: FÜR: | ES WAR: ☐ ☐ ☐ | NOCHMAL? ☐ja ☐nein

KOCHZEIT sinnvoll nutzen: Zahlen verbinden und dann bunt ausmalen!

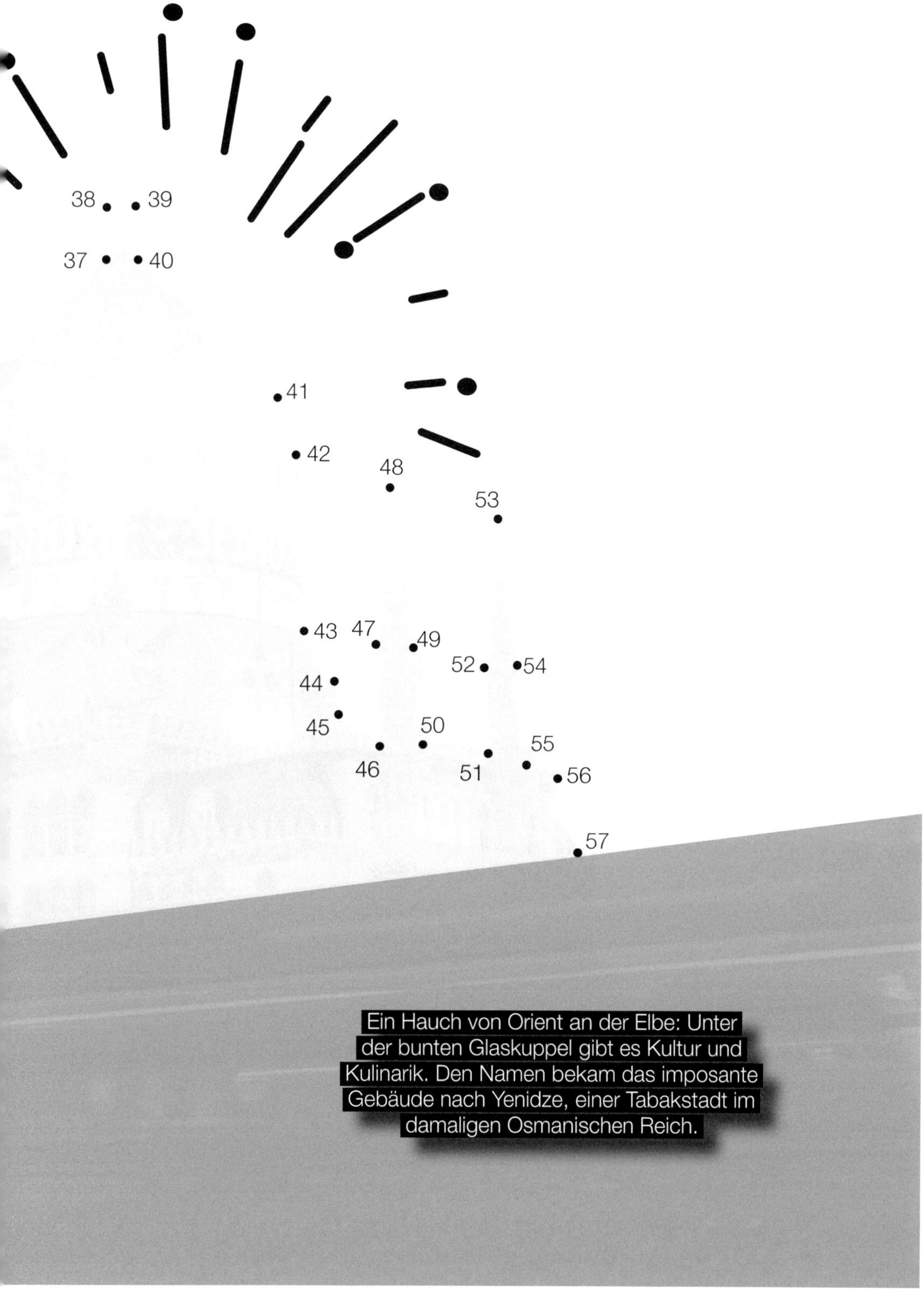

Ein Hauch von Orient an der Elbe: Unter der bunten Glaskuppel gibt es Kultur und Kulinarik. Den Namen bekam das imposante Gebäude nach Yenidze, einer Tabakstadt im damaligen Osmanischen Reich.

KOCH MICH! **DRESDEN**

... und zum Ausklang: hoch das Glas! Shake it, baby. Damit keiner auf dem Trockenen sitzen muss, haben wir da mal was vorbereitet.

ELBMUNDWASSER

LIEFERT NEUE ENERGIE

Odol ist quasi (fast) in aller Munde. Doch die wenigsten wissen, dass dieses Mundwasser im Jahr 1892 vom Dresdner Unternehmer Karl August Lingner auf den Markt gebracht wurde. Es enthielt neben ätherischen Ölen auch ein Antiseptikum, war daher medizinisch wie kosmetisch eine Bereicherung im heimischen Bad. Keine Angst, unser Elbmundwasser ist zwar auch gut für die Gesundheit – aber vor allem schmeckt es frisch und lecker. Denn der Energieshot erhält seinen Kick vom Ingwer.

SCHWIERIGKEITSGRAD:

ZUTATEN FÜR 2 PERSONEN

- 1 Zitrone
- 2 Orangen
- 1 Apfel
- 120 g Ingwer, frisch
- 60 g Kurkuma, frisch

1 Eine Orange und den Apfel schälen und in kleine Stücke schneiden. Die andere Orange und die Zitrone auspressen.

2 Ingwer und Kurkuma schälen, dann Fruchtsaft, Obst, Ingwer und Kurkuma mit dem Pürierstab zu einem Mus pürieren und dies mit einem größeren Löffel durch ein Sieb geben - das Mus somit »ausdrücken«.

3 Den so entstandenen Ingwer-Kurkuma-Shot in kleine Flaschen abfüllen und im Kühlschrank aufbewahren. Dort ist er etwa drei Tage haltbar.

ZUBEREITET AM: FÜR: | ES WAR: ☐ ☐ ☐ | NOCHMAL? ☐ja ☐nein

MILCHSHAKE »WILDER MANN«

NUR FÜR MUTIGE

Wer hat Angst vorm Wilden Mann? In Dresden wohl niemand, denn der Stadtteil im Nordwesten kommt ganz gemächlich daher. Den Namen verdankt er einer Sage, die jedoch wohl nur eine Erfindung vom Eigentümer des ehemaligen Gasthofs »Wilder Mann«, Gustav Emil Weber (1852–1932), war. Der versprach sich so mehr Besucher für sein Wirtshaus. Dennoch: Ganz schön wild ist dieser Shake, der mit Chili so manchen Mann herausfordert.

SCHWIERIGKEITSGRAD:

ZUTATEN FÜR 2 PERSONEN

- ½ Chili, rot
- 1 Stück Ingwer (ca. 1 cm), frisch
- 75 g weiße Schokolade
- 160 ml Schlagsahne
- ½ l Milch
- 200 ml Vanilleeis
- etwas gemahlener Ingwer

1 Die Chilischote putzen, entkernen und fein hacken. Am besten Handschuhe dazu tragen, um nicht aus Versehen mit dem Saft an die Augen zu kommen. Ingwer schälen und reiben. 60 g Schokolade fein hacken und in eine Schüssel geben. 60 ml Schlagsahne mit gehacktem Chili und geriebenem Ingwer in einem Topf bei mittlerer Temperatur erhitzen. Kurz bevor es kocht, alles auf die gehackte Schokolade abseihen, 5 Minuten stehen lassen und dann gut verrühren. Für 15 Minuten in den Kühlschrank stellen.

2 Restliche Schokolade raspeln. Restliche Schlagsahne steif schlagen. Milch, Vanilleeis und zwei Drittel der Schokoladensauce schaumig mixen.

3 Kaltgestellte Schokoladensauce auf 2 Gläser aufteilen und den Shake daraufgießen. Mit Schlagsahne, Schokoraspeln und je einer Prise gemahlenem Ingwer garnieren und servieren.

Der Staat **VATIKANSTADT** passt mehr als dreimal in den Großen Garten.

ZUBEREITET AM: FÜR: | ES WAR: ☐ ☐ ☐ | NOCHMAL? ☐ ja ☐ nein

Ein Gesamtkunstwerk aus Architektur und Gartengestaltung ist das Ensemble von Schloss Pillnitz am Dresdner Stadtrand. Die großen Stufen führen direkt an die Elbe – und wer mag, fährt von dort aus mit dem nächsten Dampfer zurück in die City.

PILLNITZER ORANGERIST

GENIESSEN WIE IM SÜDEN

Neben dem bekannten Kamelienhaus stoßen Besucher im Pillnitzer Schlossgarten auch auf eine Orangerie. Ab dem 16. Jahrhundert kam es in den Fürstenhäusern in Mode, sich Zitrusgewächse aus wärmeren Regionen in die Gartenanlagen zu holen. Das war herrlich repräsentativ. Dieser Cocktail lässt sich durchaus auch vorzeigen und eignet sich als Aperitif.

SCHWIERIGKEITSGRAD:

ZUTATEN FÜR 2 PERSONEN

- 6 cl Orangenlikör
- 4 cl Gin
- 8 cl Grapefruitsaft
- 12 cl Orangensaft
- Eiswürfel
- Orangen- oder Ananasscheiben
- Cocktailkirschen

1 Gin, Grapefruitsaft, Orangenlikör und Orangensaft im Shaker mit einigen Eiswürfeln kräftig durchschütteln.

2 Durch das Barsieb auf Eiswürfel in ein Longdrink- oder Ballonglas abseihen. Mit Orangen- oder Ananasscheiben und einer Cocktailkirsche servieren.

3 Wer mag, verziert das Glas mit einem Zuckerrand. Dafür etwas Zitronensaft auf eine Schale geben, das Glas kopfüber eintauchen – und so angefeuchtet im Anschluss in eine Schale mit Zucker geben. Trocknen lassen.

ZUBEREITET AM: FÜR: | ES WAR: ☐ ☐ ☐ | NOCHMAL? ☐ja ☐nein

BLUE WONDER

FÜR DEN BRÜCKENSCHLAG

Offiziell heißt das Bauwerk Loschwitzer Brücke, es verbindet die Stadtteile Blasewitz und Loschwitz. Die Dresdner allerdings sagen nur dies: Blaues Wunder. Denn hellblau wurde das Meisterwerk der Ingenieurskunst schon beim Bau Ende des 18. Jahrhunderts angestrichen. Dass es eigentlich mal grün gewesen sein soll, durch die Sonne allerdings die Farbe ausblich und am Ende nur blau übrig blieb, ist ein (oft erzähltes) Märchen. Vielleicht war ja bei der Idee auch Alkohol im Spiel? Im Falle dieses Cocktails definitiv.

SCHWIERIGKEITSGRAD:

ZUTATEN FÜR 2 PERSONEN

- 6 cl Ananassaft
- 4 cl Wodka
- 4 cl weißer Rum
- 3 cl Zuckersirup
- 3 cl Zitronensaft
- 2 EL Blue Curaçao
- ¼ Bio-Orange
- Eiswürfel
- Orangenscheiben als Deko

1 Ananassaft, Wodka, Rum, Zuckersirup, Zitronensaft und Curaçao mischen.

2 Orange heiß waschen, in 4 dünne Scheiben schneiden.

3 Eiswürfel in Gläser verteilen. Cocktailmix in 2 Portionen mit einigen Eiswürfeln in einem Cocktailshaker kräftig schütteln. In die Gläser abseihen und mit Orangenscheiben garniert genießen.

ZUBEREITET AM: FÜR: | ES WAR: ☐ ☐ ☐ | NOCHMAL? ☐ja ☐nein

HEISSES SCHOKOLADENMÄDCHEN

SÜSSE SÜNDE

Schokolade hat in Dresden eine lange Tradition. Die Unternehmer Jordan und Timaeus gründeten 1823 eine Schokoladenfabrik und produzierten später die erste Milchschokolade – mit Eselsmilch. Heute können Schleckermäulchen im Schokoladenmuseum Camondas in der Altstadt Süßes kosten und mehr über die Geschichte des braunen Goldes erfahren. Kunstliebhabern sei die Gemäldegalerie »Alte Meister« ans Herz gelegt: Dort hängt das berühmte Schokoladenmädchen des Genfer Künstlers Jean-Étienne Liotard.

SCHWIERIGKEITSGRAD:

ZUTATEN FÜR 2 PERSONEN

- 100 g Schokolade, zartbitter
- 350 ml Milch
- 2 TL Vanillepuddingpulver oder Speisestärke
- 2 TL Puderzucker

1 Schokolade in kleine Stücke zerteilen. In 50 ml kalte Milch 2 TL Vanillepuddingpulver (alternativ Speisestärke) anrühren. Die restlichen 300 ml Milch aufkochen und darin die Schokolade einrühren, bis alles geschmolzen ist.

2 Puderzucker einrieseln lassen und unter Rühren weiter kochen lassen. Wenn die Masse aufschäumt, das in der Milch aufgelöste Puddingpulver zugießen, weiter kochen und mit dem Schneebesen rühren, bis die Masse anzieht. Abkühlen lassen.

3 Beim Abkühlen wird die Schokolade richtig schön dickflüssig. Tipp: Mit einem Schuss Rum verfeinern und mit einer Sahnehaube versehen servieren.

ZUBEREITET AM: FÜR: | ES WAR: ☐ ☐ ☐ | NOCHMAL? ☐ja ☐nein

Dresdens altes, neues Wahrzeichen: die Frauenkirche auf dem Neumarkt. Rund 90 Meter ist sie hoch und prägt seit dem Wiederaufbau mit ihrer großen Rundkuppel auf dem achteckigen Grundriss wieder die Silhouette der Stadt.

LOSCHWITZER BERGBAHNSCHRECK

AB IN DIE HÖHE

Vom Körnerplatz aus geht es mit der Standseilbahn oder der Schwebebahn hinauf in die Loschwitzer Elbhänge. Dort bietet sich ein wunderbarer Ausblick über die Stadt – und bei gutem Wetter sogar bis in die schroffen Berge der Sächsischen Schweiz. Auch dieser Drink lässt Genießer in ungeahnte Höhen schrauben.

SCHWIERIGKEITSGRAD:

ZUTATEN FÜR 2 PERSONEN

- 4 cl brauner Rum (z. B. Appleton Dark)
- 4 cl weißer Rum (z. B. Havana Club, 3 años)
- 2 cl Overproof Rum (z. B. Old Pascas, 73 %)
- 2 cl Cointreau
- 2 cl Grenadinesirup
- 2 cl Maracujasirup
- 4 cl Ananassaft
- 4 cl Orangensaft
- 4 cl Zitronensaft
- Cocktailkirschen und Orangenscheiben zur Deko

1 Alle Zutaten – außer den Overproof Rum und die Deko – auf Eis shaken. In ein großes Longdrinkglas mit einigen frischen Eiswürfeln abseihen. Jetzt den Overproof Rum mit Hilfe eines Löffels in den Drink gleiten lassen.

2 Einen kleinen Fruchtspieß mit 2 Cocktailkirschen über das Glas legen. Eine Orangenspalte dekoriert zum Abschluss den Glasrand.

ZUBEREITET AM: FÜR: | ES WAR: ☐ ☐ ☐ | NOCHMAL? ☐ja ☐nein

WILDE WEISSERITZ

DA STEIGT DER PEGEL

Kaum zu glauben: Die Weißeritz kann richtig gefährlich werden. Dabei wirkt sie (meist) wie ein eher unscheinbares Gewässer. Trotzdem sorgt der Fluss regelmäßig für verheerende Überschwemmungen. So auch beim Elbehochwasser 2002 – als der Weißeritz-Pegel anstieg und viele Keller vollliefen, vor allem in Friedrichstadt und Altstadt. Keine Angst: Unser Getränk hat es in sich, ist aber doch recht harmlos. Wir servieren es mit einem Schuss Kräuterlikör, gern aus der Quellregion der Weißeritz – Tschechien.

SCHWIERIGKEITSGRAD:

ZUTATEN FÜR 2 PERSONEN

- 4 cl Kräuterlikör
- 4 cl Gin
- Tonic Water
- ein Schuss Zitrone
- 2 Orangenscheiben

1 Likör und Gin mit einigen Eiswürfeln in ein Longdrinkglas geben.

2 Mit Tonicwater aufgießen und einen Schuss Zitronensaft hinzugeben.

3 Mit einer Orangenscheibe garnieren.

ZUBEREITET AM: FÜR: | ES WAR: ☐ ☐ ☐ | NOCHMAL? ☐ja ☐nein

KOCHZEIT sinnvoll nutzen: Zahlen verbinden und dann bunt ausmalen!

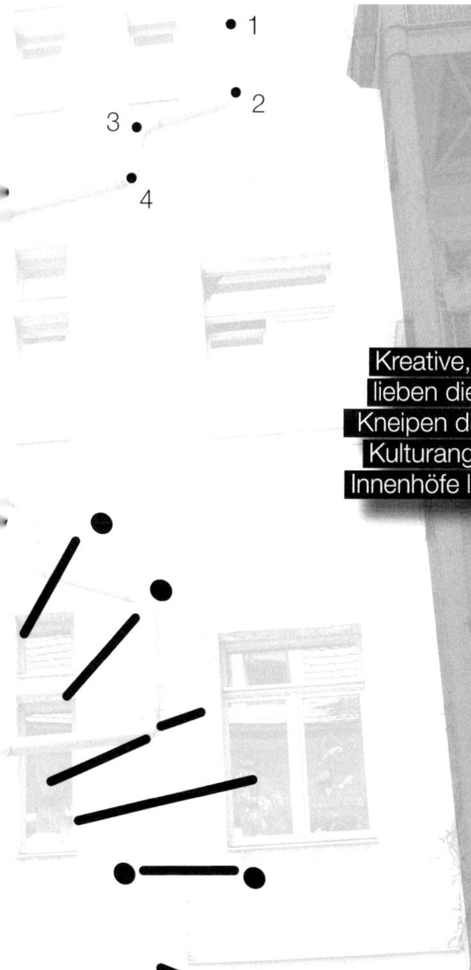

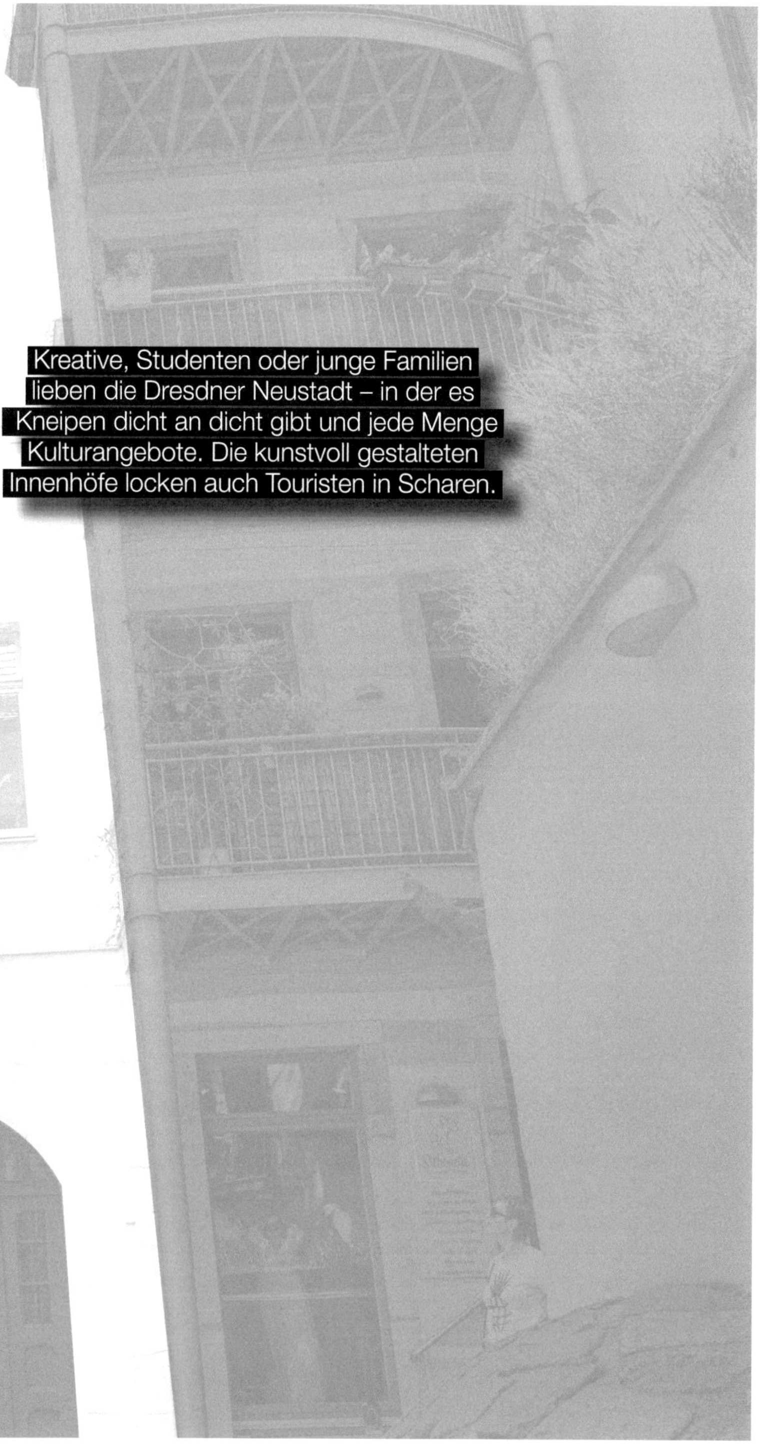

Kreative, Studenten oder junge Familien lieben die Dresdner Neustadt – in der es Kneipen dicht an dicht gibt und jede Menge Kulturangebote. Die kunstvoll gestalteten Innenhöfe locken auch Touristen in Scharen.

KOCH MICH! **DRESDEN**

MEINE REZEPTE

Jetzt wird's kreativ! Wie schmeckt Heimat? Auf den folgenden Seiten ist Platz für eigene Ideen – von der Vorspeise bis zum Drink. Guten Appetit!

DER GESCHMACK VON HEIMAT

☐ Vorspeise ☐ Suppe ☐ Beilage ☐ Salat
☐ Hauptgericht ☐ Dessert ☐ Drink

SCHWIERIGKEITSGRAD:

ZUTATEN FÜR 2 PERSONEN

SO WIRD'S GEMACHT

ZUBEREITET AM: FÜR: ES WAR: ☐ ☐ ☐ NOCHMAL? ☐ja ☐nein

DAS SCHMECKT RICHTIG LECKER

☐ Vorspeise ☐ Suppe ☐ Beilage ☐ Salat
☐ Hauptgericht ☐ Dessert ☐ Drink

SCHWIERIGKEITSGRAD:

ZUTATEN FÜR 2 PERSONEN

SO WIRD'S GEMACHT

ZUBEREITET AM: FÜR: ES WAR: ☐ ☐ ☐ NOCHMAL? ☐ja ☐nein

DARAUF HAB ICH HEUTE APPETIT

☐ Vorspeise ☐ Suppe ☐ Beilage ☐ Salat
☐ Hauptgericht ☐ Dessert ☐ Drink

SCHWIERIGKEITSGRAD:

ZUTATEN FÜR 2 PERSONEN

- ....
- ....
- ....
- ....
- ....
- ....
- ....
- ....
- ....
- ....
- ....
- ....
- ....
- ....
- ....
- ....
- ....
- ....
- ....

SO WIRD'S GEMACHT

ZUBEREITET AM: FÜR: | ES WAR: ☐ ☐ ☐ | NOCHMAL? ☐ja ☐nein

BITTE DAVON NACHSCHLAG FÜR MICH!

☐ Vorspeise ☐ Suppe ☐ Beilage ☐ Salat
☐ Hauptgericht ☐ Dessert ☐ Drink

SCHWIERIGKEITSGRAD:

ZUTATEN FÜR 2 PERSONEN

- ....
- ....
- ....
- ....
- ....
- ....
- ....
- ....
- ....
- ....
- ....
- ....
- ....
- ....
- ....
- ....
- ....
- ....
- ....

SO WIRD'S GEMACHT

ZUBEREITET AM: FÜR: | ES WAR: ☐ ☐ ☐ | NOCHMAL? ☐ ja ☐ nein

ORG IV.
AUGUST II.
AUGUST III.
FR
1694–1733.
1733–1763.

Fast drei Dutzend Herrscher der Wettiner, vereint auf einem überdimensionalen Werk: Der Fürstenzug gilt als größtes Porzellanbild der Welt. Rund 23.000 Fliesen aus Meissener Porzellan bilden das 102 Meter lange Kunstwerk, zu sehen in der Augustusstraße.

MÖCHTE ICH GERN FÜR DICH KOCHEN

☐ Vorspeise ☐ Suppe ☐ Beilage ☐ Salat
☐ Hauptgericht ☐ Dessert ☐ Drink

SCHWIERIGKEITSGRAD:

ZUTATEN FÜR 2 PERSONEN

SO WIRD'S GEMACHT

ZUBEREITET AM: FÜR: | ES WAR: ☐ ☐ ☐ | NOCHMAL? ☐ja ☐nein

DAS GAB ES FRÜHER SCHON BEI OMA

☐ Vorspeise ☐ Suppe ☐ Beilage ☐ Salat
☐ Hauptgericht ☐ Dessert ☐ Drink

SCHWIERIGKEITSGRAD:

ZUTATEN FÜR 2 PERSONEN

SO WIRD'S GEMACHT

ZUBEREITET AM: FÜR: ES WAR: ☐ ☐ ☐ NOCHMAL? ☐ ja ☐ nein

FÜR MICH TYPISCH DRESDEN

☐ Vorspeise ☐ Suppe ☐ Beilage ☐ Salat
☐ Hauptgericht ☐ Dessert ☐ Drink

SCHWIERIGKEITSGRAD:

ZUTATEN FÜR 2 PERSONEN

- ....
- ....
- ....
- ....
- ....
- ....
- ....
- ....
- ....
- ....
- ....
- ....
- ....
- ....
- ....
- ....
- ....
- ....
- ....

SO WIRD'S GEMACHT

ZUBEREITET AM: FÜR: ES WAR: ☐ ☐ ☐ NOCHMAL? ☐ja ☐nein

SO ESSE ICH ES GERN

☐ Vorspeise ☐ Suppe ☐ Beilage ☐ Salat
☐ Hauptgericht ☐ Dessert ☐ Drink

SCHWIERIGKEITSGRAD:

ZUTATEN FÜR 2 PERSONEN

SO WIRD'S GEMACHT

ZUBEREITET AM: FÜR: ES WAR: ☐ ☐ ☐ NOCHMAL? ☐ja ☐nein

190 Meter in die Tiefe geht es von hier oben – bis hinab zur Elbe. Der markante Felsen mit seiner Aussichtsplattform ist eines der beliebtesten Ziele direkt vor den Toren Dresden.

KOCHZEIT sinnvoll nutzen: Zahlen verbinden und dann bunt ausmalen!

HUNGER! DAS MÖCHTE ICH GERN KOSTEN

☐ Vorspeise ☐ Suppe ☐ Beilage ☐ Salat
☐ Hauptgericht ☐ Dessert ☐ Drink

SCHWIERIGKEITSGRAD:

ZUTATEN FÜR 2 PERSONEN

SO WIRD'S GEMACHT

ZUBEREITET AM: FÜR: | ES WAR: ☐ ☐ ☐ | NOCHMAL? ☐ja ☐nein

MEINE LEIBSPEISE

☐ Vorspeise ☐ Suppe ☐ Beilage ☐ Salat
☐ Hauptgericht ☐ Dessert ☐ Drink

SCHWIERIGKEITSGRAD:

ZUTATEN FÜR 2 PERSONEN

SO WIRD'S GEMACHT

ZUBEREITET AM: FÜR: | ES WAR: ☐ ☐ ☐ | NOCHMAL? ☐ja ☐nein

SCHMECKT WIE IM RESTAURANT

☐ Vorspeise ☐ Suppe ☐ Beilage ☐ Salat
☐ Hauptgericht ☐ Dessert ☐ Drink

SCHWIERIGKEITSGRAD:

ZUTATEN FÜR 2 PERSONEN

SO WIRD'S GEMACHT

ZUBEREITET AM: FÜR: ES WAR: ☐ ☐ ☐ NOCHMAL? ☐ja ☐nein

WAS SCHMECKT WO IN DRESDEN?

REGISTER: STADTBEZIRKE, ORTSCHAFTEN UND REZEPTE

WWW.KOCH-MICH.DE

GESUCHT: DIE SCHÖNSTEN REZEPTE

WIE SCHMECKT DRESDEN?

Ob Eigen-Kreationen oder Familien-Rezepte, die über Generationen weitergegeben wurden: her damit! Wir wollen sie in einem Buch veröffentlichen und so an viele andere begeisterte Köche weitergeben. Eine Jury wählt die originellsten Ideen aus. Mehr über die Leser-Aktion »Koch mich! Dresden« unter www.koch-mich.de

PAPERENTO*

* die mit der Ente

Bibliografische Information der Deutschen Nationalbibliothek: Die Deutsche Nationalbibliothek verzeichnet diese Publikation in der Deutschen Nationalbibliografie; detaillierte bibliografische Daten sind im Internet über dnb.dnb.de abrufbar.

Ein Imprint der EDITION WANNENBUCH
Erzbergerstraße 2, D-09116 Chemnitz
www.wannenbuch.de

Fotos: corofisch/Shutterstock.com (4/5), KostiantynL/ Shutterstock.com (8/9), TreptowerAlex/Pixabay (16), TTstudio/ Shutterstock.com (20/21, 66/67), Paco Forriol/Shutterstock.com (24/25, 76/77), Faikun Sailor/Shutterstock.com (31), Lightboxx/ Shutterstock.com (34/35, 80/81), 13threephotography/ Shutterstock.com (38/39, 90/91), Viktoriya A/Shutterstock.com (45), ContentCreationBellstedt/Shutterstock.com (48/49, 94/95), Sabine Klein/Shutterstock.com (52/53, 104/105), Jens Korch (58), Ugis Riba/Shutterstock.com (62/63, 107/108), Tama66/ Pixabay (73), proslgn/Shutterstock.com (87, 122), Melmak/ Pixabay (100), ecstk22/Shutterstock.com (116/117)

Printed in Germany.

ISBN: 978-3-947409-49-5